La Scène aide-mémoire

engager des artistes et techniciens du spectacle

Nicolas Marc

SOMMAIRE

Avant-propos 5

10 idées fausses sur l'engagement
d'artistes et de techniciens 7

Intermittents du spectacle :
les spécificités 9

L'intermittence du spectacle :
un peu d'histoire 10

L'intérêt d'une bonne déclaration .. 11

    Interview 12

L'ENGAGEMENT

Avant et après l'engagement 14

La présomption de salariat 15

Le contrat de travail 17

Le bulletin de paie 20

Les conventions collectives
et accords interbranches 23

Les artistes et techniciens
étrangers 25

L'engagement d'un enfant
dans un spectacle 27

LES FRAIS PROFESSIONNELS 28

LES ORGANISMES

L'Urssaf 32

Pôle emploi 37

Audiens 52

Les Congés Spectacles 62

L'Afdas 66

La médecine du travail 75

Les autres organismes 76

LA SIMPLIFICATION

Le Guso 77

    Témoignages 85

Le travail illégal 87

ANNEXES

    Un peu de jurisprudence 91

    Grilles de cotisations 95

    Modèle de bulletin de salaire 97

    Modèle de contrat d'engagement 98

    Le «nouveau» Code du travail .. 102

    Les nouveaux codes NAF 104

    Principes de comptabilisation .. 106

    Consultation préalable 108

    Missions du CNCS 109

Adresses utiles 110

Index 112

AVANT-PROPOS

L'essentiel pour engager un artiste ou un technicien du spectacle

Cet ouvrage, édité avec le concours du Guso, s'adresse à tous les types d'**employeurs d'artistes et de techniciens du spectacle** : festivals, théâtres et salles de spectacles, compagnies dramatiques et chorégraphiques, producteurs, collectivités territoriales, associations, cafés-restaurants, comités d'entreprises, particuliers…

Rédigé dans une forme accessible aux non-spécialistes, il constitue un fonds documentaire particulièrement utile. L'approche est volontairement pratique, illustrée par des exemples et des témoignages.

L'essentiel des règles relatives à l'engagement d'artistes et de techniciens est ici présenté, s'agissant d'intermittents du spectacle : contrats, bulletin de paie, déclarations sociales, relations avec les organismes sociaux, recours, le cas échéant, au Guso, adresses utiles…

L'ouvrage rappelle également combien il est important d'être en règle et d'effectuer les bonnes déclarations, dans l'intérêt du salarié comme de l'employeur.

Vous avez les points clés à portée de la main. Bonne lecture et, surtout, excellents spectacles !

Nicolas Marc

L'ENGAGEMENT

10 IDÉES FAUSSES SUR L'ENGAGEMENT D'ARTISTES ET DE TECHNICIENS

Je peux rémunérer un artiste professionnel uniquement en remboursement de frais.
FAUX – Le principe est clair : qui dit engagement d'artiste "professionnel" dit salariat. Il est donc nécessaire d'établir un contrat de travail et un bulletin de salaire. Les remboursements de frais peuvent venir en marge du salaire, à condition d'être dûment justifiés. De la même manière, il n'est pas possible de rémunérer un artiste ou un groupe en lui achetant, par exemple, un instrument de musique ou du matériel. Lire page 15.

Je peux rembourser des frais pour un montant illimité.
FAUX – Les frais doivent constituer une dépense effective exposée par le salarié et être remboursés sur la base de justificatifs. Ils peuvent l'être aussi sur une base forfaitaire à condition que l'indemnité n'excède pas les limites posées par les conventions collectives. À défaut de justificatifs ou de limites, le remboursement pourra être requalifié en salaire, avec toutes les conséquences que cela comporte (paiement de cotisations, pénalités et sanctions). Lire page 28.

Je peux régler directement à un intermittent du spectacle ses congés payés et ne pas cotiser aux Congés Spectacles.
FAUX – L'employeur ne peut pas verser à un intermittent du spectacle les congés payés auxquels il a droit. De même, un artiste ou un technicien ne peut pas renoncer à ses congés payés et, par exemple, demander à l'employeur une rémunération supérieure au motif qu'il ne souhaite pas bénéficier des Congés Spectacles. Attention : si le contrat est supérieur à 12 mois, l'employeur ne doit pas cotiser aux Congés Spectacles. Il doit assumer le paiement des congés. Lire page 62.

Toutes les professions peuvent être déclarées comme «intermittent du spectacle».
FAUX – Seuls les techniciens dont l'intitulé figure bien dans une liste de fonctions fixée par l'Assurance chômage sont considérés et peuvent être embauchés comme intermittents du spectacle. Pour les artistes du spectacle, il n'existe pas de liste. Lire la liste page 40.

Les mairies et les collectivités n'ont pas à acquitter de cotisations pour l'Assurance chômage à Pôle emploi.
FAUX – Les employeurs du secteur public sont tenus d'affilier au régime d'Assurance chômage les personnels qu'ils occupent à titre temporaire en qualité d'artiste ou technicien du spectacle, employés à l'occasion d'un spectacle. En conséquence, ils doivent contribuer à l'Assurance chômage au taux en vigueur fixé par les annexes.

L'ENGAGEMENT

Un technicien peut être déclaré sous forme de cachets.
FAUX – Les cachets ne concernent que les artistes (qui peuvent aussi être rémunérés sous forme d'heures). Les techniciens ne peuvent pas être déclarés sous la forme de cachet, uniquement en heures. Attention : les déclarations des réalisateurs rémunérés au forfait se feront en cachets. Lire page 48.

Un artiste retraité n'a pas à être rémunéré, car il est à la retraite.
FAUX – Un artiste retraité membre d'un groupement d'artistes amateurs bénévoles n'est pas considéré comme salarié. S'il ne fait pas partie d'un groupement d'artistes amateurs bénévoles, et quel que soit son employeur, il doit être rémunéré (avec contrat de travail, bulletin de salaire...).

Pour sa prestation, un artiste peut se faire rémunérer sur la base d'une facture à son nom, d'honoraire ou d'une note de droits d'auteur.
VRAI OU FAUX – Mais uniquement s'il est inscrit au RCS. À défaut, rappelons-le encore, les artistes bénéficient d'une présomption de salariat. Elle est posée par l'article L. 7121-3 du Code du travail (anciennement article L. 762-1), qui dispose : « *tout contrat par lequel une personne s'assure, moyennant rémunération, le concours d'un artiste du spectacle en vue de sa production, est présumé être un contrat de travail* ». Seules exceptions donc : lorsque l'artiste exerce son activité dans des conditions impliquant son inscription au Registre du commerce et des sociétés et, sous conditions, pour les artistes reconnus comme prestataires de services établis dans un État membre de la Communauté européenne ou dans un autre État partie à l'accord sur l'Espace économique européen. Qui dit salariat dit notamment contrat de travail et bulletin de salaire. Sont donc proscrits les factures, honoraires ou paiement en droits d'auteur. Lire page 15.

Un contrat avec un artiste ou un technicien intermittent du spectacle n'est pas nécessairement écrit. Il peut être verbal.
FAUX – Un intermittent du spectacle est nécessairement engagé sur la base d'un contrat à durée déterminée (s'il était en CDI, il serait permanent et ne serait donc pas intermittent). Or, un CDD doit obligatoirement être écrit et comporter certaines mentions obligatoires. Lire page 17.

Le recours au Guso est facultatif et laissé à la libre appréciation de l'employeur.
FAUX – Le recours au Guso est obligatoire, depuis 2004, pour tous les employeurs en relevant, c'est-à-dire les organisateurs qui n'ont pas pour activité principale le spectacle. Il s'agit d'un service gratuit de simplification administrative. Lire page 77.

L'ENGAGEMENT

INTERMITTENTS DU SPECTACLE : LES SPÉCIFICITÉS

Les principales particularités de l'engagement d'artistes et de techniciens intermittents du spectacle sont les suivantes :

- la présomption de salariat pour les artistes ;
- des contrats de travail à durée déterminée ;
- des taux et des assiettes spécifiques pour les cotisations et contributions sociales ;
- des déductions spécifiques pour frais professionnels applicables à certains emplois :
- une caisse de congés payés spécifique : les Congés Spectacles ;
- un dispositif particulier de financement et d'accès à la formation professionnelle ;
- des règles spécifiques pour la médecine du travail ;
- l'existence du Guso, guichet unique, pour les organisateurs qui n'ont pas pour activité principale le spectacle.

Qui embauche des intermittents du spectacle ?

- structures du spectacle vivant (compagnies, producteurs, lieux de spectacles, festivals…) ;
- prestataires de services et prestataires techniques pour le spectacle vivant ;
- maisons de disques ;
- sociétés de production cinématographique ;
- sociétés de production audiovisuelle ;
- prestataires techniques pour le cinéma et la télévision ;
- sociétés de production radiophonique ;
- chaînes de télévision ;
- associations* ;
- particuliers* ;
- structures industrielles et commerciales (café-restaurants, casinos, discothèques, comités d'entreprises…)* ;
- établissements publics (mairies, collectivités territoriales, hôpitaux, écoles, maisons de retraite…)* ;
- artisans commerçants* ;

* employeurs recourant, le cas échéant, aux services du Guso.

L'ENGAGEMENT

L'INTERMITTENCE DU SPECTACLE : UN PEU D'HISTOIRE

C'est en **1936** qu'un statut d'intermittent voit le jour. Il concerne alors les techniciens et cadres de l'industrie cinématographique contraints à l'inactivité entre deux périodes de tournage. Après la création le **31 décembre 1958** par les partenaires sociaux de l'Assurance chômage, gérée par l'Unedic, il faut attendre **1965** pour qu'une convention Unedic introduise un régime spécifique au secteur du spectacle : l'annexe 8, destinée aux ouvriers et techniciens du cinéma et de l'audiovisuel est née. Trois ans plus tard, en **1968**, entre en vigueur une seconde annexe, l'annexe 10, pour les techniciens et les artistes du spectacle vivant.

En **1999**, année de renégociation de l'Assurance chômage de 1997, il est décidé que celle-ci est prorogée jusqu'au 31 décembre 2000. Mais en **2001**, une nouvelle convention d'Assurance chômage rend caduques les annexes de la convention de juillet 1997. Une loi promulguée en mars 2001 maintient toutefois le contenu des annexes 8 et 10 issu de la convention de 1997 jusqu'à l'intervention d'un nouvel accord. En **2002**, les partenaires sociaux décident de doubler le taux de cotisations des employeurs et des salariés relevant des annexes 8 et 10. L'année **2003** est ensuite marquée par l'avènement, le 26 juin, d'un protocole d'accord réformant le régime d'Assurance chômage des intermittents du spectacle signé entre le Medef, la CFDT, la CFTC et la CGC. Le 1er janvier 2004, les nouvelles annexes 8 et 10, valables jusqu'au **31 décembre 2005**, entrent en vigueur. Pour s'ouvrir des droits, il faut désormais justifier de 507 heures de travail comme intermittent au cours des 319 jours (pour les artistes) ou 304 jours (pour les techniciens) précédant la fin du dernier contrat de travail. La période d'affiliation est portée de douze à dix mois pour les techniciens et à dix mois et demi pour les artistes. La durée d'indemnisation est fixée à 243 jours. L'examen à la date anniversaire est supprimé. Afin de «repêcher» les intermittents exclus du nouveau régime, l'État annonce en juin la création d'un fonds d'urgence « provisoire » (devenu « fonds transitoire » en 2005). En **décembre 2005**, date à laquelle le protocole de 2003 doit arriver à son terme, les partenaires sociaux annoncent que celui-ci est prorogé. Le **21 décembre 2006**, un nouveau texte est signé par la CFDT, la CFTC et la CFE-CGC au siège du Medef. La réforme de l'Assurance chômage des intermittents du spectacle s'applique à compter du **1er avril 2007**. L'État, de son côté, a pérennisé un Fonds de professionnalisation et de solidarité pour les intermittents qui ne rempliraient pas ces conditions. Envisagée pour le second semestre **2008**, la renégociation du régime général de l'Assurance chômage laisse présager un réexamen des annexes 8 et 10. Réunis le **19 février 2009**, les partenaires sociaux décident que celles-ci sont reconduites, en l'état, pour deux ans. Les annexes 8 et 10 sont rattachées à la convention Assurance chômage 2009.

L'ENGAGEMENT

L'INTÉRÊT D'UNE BONNE DÉCLARATION

Au-delà du fait qu'elle permet d'être en conformité avec la loi, une bonne déclaration d'activité présente plusieurs intérêts, pour l'employeur comme pour le salarié.

Pour l'employeur

Une déclaration établie en bonne et due forme permet, tout d'abord, à l'employeur de ne pas s'exposer à des poursuites ayant pour objet la dissimulation d'activité, la dissimulation de salariés ou d'heures travaillées, l'emploi d'étrangers sans titre de travail. Autant d'infractions qui peuvent donner lieu à une condamnation à des sanctions pénales et administratives. Mais, bien déclarer l'intermittent que l'on emploie présente aussi d'autres intérêts. Formalité obligatoire (et pourtant souvent négligée par les employeurs occasionnels), l'établissement d'une Déclaration préalable à l'embauche (DPAE) garantit ainsi à l'employeur comme au salarié une couverture si un accident survient lors de l'exécution du travail. Par ailleurs, en acquittant l'ensemble des cotisations, l'employeur contribue à un droit essentiel contenu dans la protection sociale : le droit à la formation. Or, tout employeur a intérêt à s'adjoindre les services d'un salarié qui aura pu suivre durant son parcours professionnel des stages de formation.

Pour le salarié

Une bonne déclaration d'activité est tout aussi importante pour le salarié. C'est en effet sur elle que va s'appuyer l'ensemble de la protection sociale dont il bénéficiera. Et cette protection sociale ne se limite pas au versement des allocations de l'Assurance chômage. Elle concerne aussi : la sécurité sociale, qui regroupe le remboursement des soins, le congé en cas de maladie, le congé maternité (et le congé de paternité depuis janvier 2002), l'avance des frais médicaux et le versement d'indemnités lors d'un accident du travail ; le droit à la formation ; le droit à des congés payés (via la caisse des Congés Spectacles) ; l'accès à la médecine du travail (visite médicale régulière) ; les cotisations à la caisse de retraite complémentaire. Le salarié dispose, d'autre part, de droits au regard de la convention collective à laquelle son activité est rattachée. Enfin, rappelons que l'artiste ou le technicien qui accepte de travailler sans être déclaré se place dans une situation d'illégalité, lourde de conséquences. Il peut être accusé de fraude à Pôle emploi et/ou aux organismes de protection sociale s'il est avéré qu'il a procédé à de fausses déclarations pour bénéficier d'un revenu de remplacement. C'est le cas, par exemple, s'il occupe un emploi sans le déclarer à Pôle emploi ou durant une période d'arrêt maladie.

L'ENGAGEMENT

Marc Slyper, secrétaire général du Syndicat national des artistes musiciens (SNAM-CGT)

 En quoi est-ce important de bien déclarer le travail des artistes professionnels ? Du côté de l'employeur, et du côté du salarié ?

C'est important pour l'employeur, qui sinon s'expose à des poursuites. Les activités du spectacle sont régies par le Code du travail et des conventions collectives étendues. Il y a une notion d'universalité de la protection sociale, des conditions d'emploi et de rémunérations auxquelles nul n'est censé déroger ni se soustraire. Pour le salarié, ces déclarations sont importantes car elles constituent la base de la protection sociale. Quand on parle de protection sociale, on pense surtout à l'Assurance chômage. Mais elle recouvre aussi tous les droits sociaux, le droit à la santé, à la formation, à la retraite, aux congés...

Estimez-vous que les employeurs sont suffisamment informés de leurs obligations, dans un environnement qui peut leur apparaître comme particulièrement complexe ?

Oui. L'une des premières choses à laquelle le Conseil national des professionnels du spectacle s'est attaché lors de sa création en 1993 a été d'éditer des guides sur les obligations sociales des employeurs. L'ensemble des caisses sociales du spectacle (Audiens, l'Afdas, le Centre National Cinéma Spectacle, etc.), par ailleurs, envoie systématiquement des informations aux entreprises affiliées. Et lorsque vous déposez une demande de licence d'entrepreneur de spectacles, vous êtes informé de vos obligations et des risques encourus si vous n'y répondez pas. Enfin, le secteur du spectacle était en bonne place dans les campagnes menées par la Commission nationale de lutte contre le travail illégal. Certes, il est toujours possible d'améliorer le travail d'information, en le rationalisant. Mais affirmer que les employeurs seraient insuffisamment informés est, selon moi, un argument dépassé et douteux, mis en avant aussi pour faire valoir sa bonne foi quand on n'a pas respecté les règles. Je dirais plutôt qu'aujourd'hui, les entreprises sont surinformées.

Quelles évolutions notez-vous concernant les déclarations du secteur des cafés-restaurants ?

C'est un secteur dans lequel la réglementation est compliquée, notamment pour les petits lieux, et qui se heurte à des difficultés économiques. Il y a un an et demi nous avons créé une plate-forme nationale pour les Cafés Culture. On s'attache à préciser la réglementation, la licence, le classement ou non des établissements en salles de spectacles, à trouver aussi des moyens pour leur permettre de répondre à leurs obligations. Ces moyens sont des aides à l'équipement, à l'emploi, et la création d'une fondation regroupant tous les fabricants et distributeurs de boissons qui viendraient abonder l'emploi artistique dans ces lieux. Aujourd'hui, avec la crise de l'Assurance chômage, de nombreux musiciens vivent de petits métiers et ne sont plus uniquement à la recherche de cachets, parce qu'ils

L'ENGAGEMENT

n'ouvrent plus de droits. On voit alors revenir une pratique ancienne, celle du chapeau qui tourne. Ce que nous voulons, c'est regagner un bassin d'emploi en tant que tel. Car celui-ci est énorme. Lors de la mise en œuvre du dispositif Cafés musique, nous avons prospecté entre 500 et 1 000 cafés en France (ce qui est un minimum) et dénombré un à deux concerts par an. Globalement, quand d'ici un ou deux ans notre dispositif prendra tout son essor sur le plan national, nous ferons rentrer 12 000 concerts dans un cadre légal. C'est un enjeu considérable.

Qu'a changé le Guso en matière de déclaration des artistes ?

Il a d'abord fourni un outil simple. Dans le champ de l'occasionnel on a, par exemple, affaire à des comités des fêtes composés d'équipes bénévoles qui changent tous les deux ou trois ans. Former ces employeurs occasionnels n'a donc pas de sens. Une déclaration simplifiée était nécessaire et importante. La plate-forme téléphonique du Guso est aussi très utile : on appelle, on précise qu'on veut engager tant d'artistes, à tels salaires. On calcule tout à l'avance, le salaire net, les charges, etc. Autre chose fondamentale apportée par le Guso : auparavant, les employeurs occasionnels pensaient qu'en payant une partie de la protection sociale, tout était couvert. En général, ils cotisaient pour le chômage, mais pas pour l'Urssaf ni la formation, etc. Grâce au Guso, ils acquittent l'ensemble des cotisations, ce qui est important dans un système de mutualisation comme la protection sociale où on doit payer toutes les cotisations et tout le temps, afin que les artistes ne soient pas spoliés de leurs droits. Sur ce plan-là, le Guso est un outil assez exceptionnel.

Les droits sociaux des artistes sont des droits relativement nouveaux, construits au cours du 20e siècle. Quels « combats » reste-t-il à mener ?

Le combat principal concerne l'emploi. Depuis les années 80, avec le doublement du budget de la culture et la forte implication des collectivités territoriales dans le développement culturel, des dizaines de milliers d'emplois ont été créés, et le nombre de jours travaillés a considérablement augmenté. Mais, le nombre d'artistes et de techniciens qui sont entrés dans ces métiers a progressé beaucoup plus vite encore. Et aujourd'hui, le nombre de jours travaillés baisse. Un partage du travail est intervenu, avec une diminution de la durée de vie d'une création. La question essentielle est donc la sécurisation des parcours professionnels. Il faut questionner la subvention publique et tous les systèmes de financement. Nous revendiquons, par exemple, non pas des emplois aidés mais des aides à l'emploi. Tous les autres combats s'articulent autour du sujet de l'emploi : améliorer la protection sociale, revenir sur un certain nombre d'aberrations de la réforme du régime d'Assurance chômage, avoir des clauses dans les conventions collectives qui permettent d'encadrer tout cela et de vivre décemment de nos métiers.

PROPOS RECUEILLIS PAR MARIE-AGNÈS JOUBERT

L'ENGAGEMENT

AVANT ET APRÈS L'ENGAGEMENT

Avant l'engagement

Plusieurs formalités liées à l'embauche d'un artiste ou d'un technicien du spectacle doivent être effectuées avant son engagement.

- établir une déclaration unique d'embauche ;
- tenir à jour votre registre unique du personnel ;
- affilier le salarié à Audiens, s'il n'est pas encore affilié ;
- immatriculer le salarié aux Congés Spectacles, s'il n'est pas encore immatriculé ;
- obtenir une autorisation individuelle préalable si vous embauchez un enfant ;
- vous assurer, le cas échéant, que le salarié dispose bien d'une autorisation de travail valide, si vous procédez à l'engagement d'un artiste ou technicien étranger ;
- vérifier auprès du salarié qu'il est à jour en matière de médecine du travail ;
- demander au salarié son accord pour appliquer l'éventuelle déduction forfaitaire spécifique pour frais professionnels ;
- établir un contrat de travail.
- Si vous recourez au Guso, vous devez uniquement établir une Déclaration préalable à l'embauche (DPAE).
- S'il s'agit de votre première embauche, des formalités spécifiques doivent être remplies.

Après l'engagement

À la fin du contrat de travail, vous êtes tenu de fournir au salarié plusieurs documents.

- délivrer un bulletin de salaire ;
- établir un certificat de travail ;
- remettre une Attestation d'employeur mensuelle (AEM) ;
- délivrer un certificat d'emploi Congés Spectacles ;
- établir un relevé pour solde de tout compte (facultatif).
- Si vous recourez au Guso, vous devez uniquement compléter et retourner à l'organisme la Déclaration unique et simplifiée (DUS).

L'ENGAGEMENT

LA PRÉSOMPTION DE SALARIAT

La loi pose clairement que les artistes-interprètes sont présumés être des salariés dès lors qu'ils sont rémunérés pour leur prestation artistique.

En effet, l'article L. 7121-3 du Code du travail dispose que *«tout contrat par lequel une personne s'assure, moyennant rémunération, le concours d'un artiste du spectacle en vue de sa production est présumé être un contrat de travail dès lors que cet artiste n'exerce pas l'activité qui fait l'objet de ce contrat dans des conditions impliquant son inscription au registre du commerce»*.

Par «artiste du spectacle», le Code du travail, dans son article L. 7121-2, entend : *«l'artiste lyrique ; l'artiste dramatique ; l'artiste chorégraphique ; l'artiste de variétés ; le musicien ; le chansonnier ; l'artiste de complément ; le chef d'orchestre ; l'arrangeur-orchestrateur ; le metteur en scène pour l'exécution matérielle de sa conception artistique»*.

Pour l'artiste, les conséquences du salariat sont multiples : la conclusion d'un contrat de travail, l'établissement d'un bulletin de paie, salaire minima, le bénéfice, le cas échéant, du régime d'Assurance chômage des intermittents du spectacle (annexe 10), le bénéfice de taux réduits en matière de cotisations de sécurité sociale, l'accès à un système de protection sociale (maladie, maternité, retraite…), le bénéfice de la formation professionnelle…

Le cas particulier de la Fête de la Musique

La Fête de la Musique, organisée chaque 21 juin, repose sur le principe de la gratuité. À cette occasion, les musiciens, tant amateurs que professionnels, sont invités à se produire bénévolement. Ils n'ont donc ni contrat de travail, ni rémunération. Il arrive que les artistes soient rémunérés, ceci ne dépendant que des organisateurs et des artistes eux-mêmes. Toutefois, toutes les manifestations doivent être gratuites pour les spectateurs. Par ailleurs, en France, la Sacem ne perçoit pas de droits d'auteur le 21 juin sur tous les concerts gratuits organisés sans parrainage commercial et avec la participation bénévole des artistes-interprètes.

Cette présomption de salariat au profit des artistes a été instaurée en 1969 après une forte mobilisation des professionnels. Elle a pour effet juridique de renverser la charge de preuve. En règle générale, il incombe à celui qui le revendique de prouver l'existence d'un contrat de travail. Pour les artistes, l'existence étant présumée par la loi, il revient à celui qui le conteste de démontrer son inexistence.

À titre d'exemples, la preuve ne peut pas être fondée sur le fait que la rémunération prévue était insignifiante, que la rémunération était en nature, que le contrat avait une autre appellation que « contrat de travail », que l'artiste a conservé son entière liberté d'expression, qu'il était également propriétaire de son matériel, qu'il employait une autre

L'ENGAGEMENT

La présomption de salariat s'applique-t-elle aux artistes étrangers ?

Oui, tout artiste engagé par un employeur français est présumé être un salarié. Exception : les artistes européens exerçant à titre temporaire et indépendant. En effet, afin de mettre le Code du travail en conformité avec un arrêt de la Cour de justice des communautés européennes (CJCE) du 15 juin 2006, une loi du 30 janvier 2008 a posé que le Code du travail prévoit une exception à la présomption de salariat des artistes du spectacle bénéficiant aux artistes étrangers à partir du moment où ils sont reconnus comme prestataires de services établis dans un autre État de la Communauté européenne ou de l'Espace économique européen où ils fournissent habituellement des services analogues. Ils doivent aussi venir exercer à titre indépendant et temporaire leur activité en France.

personne pour le seconder, que l'artiste avait expressément accepté de renoncer au bénéfice d'un contrat de travail…

La contestation de la relation artiste/employeur engendre des litiges entre artistes et employeurs mais aussi entre employeurs et organismes sociaux.

Bénévoles, amateurs…

Si l'artiste du spectacle bénéficie d'une présomption de salariat, l'exception porte sur l'artiste ou le groupement amateur. Il est ainsi admis que les groupements d'artistes amateurs bénévoles puissent se produire gracieusement. Cette pratique est encadrée par les textes, en particulier par le décret du 19 décembre 1953.
Ce décret prévoit que l'activité peut être considérée comme bénévole à condition qu'elle soit pratiquée par des personnes qui tirent leurs moyens d'existence d'activités étrangères à celles du spectacle, que les groupements soient constitués en associations et qu'ils aient une activité désintéressée et non concurrentielle, que les spectacles soient exclusivement présentés dans la région où est basée l'association et, enfin, que les groupements ne produisent pas plus de trois spectacles par an (avec dix représentations maximum dans les agglomérations fréquentées par des groupements professionnels).
Il n'existe pas de loi définissant le bénévolat mais la jurisprudence est abondante. Le bénévole se définit théoriquement comme celui qui apporte un concours non sollicité, spontané et désintéressé, exercé au profit d'une association sans but lucratif. En d'autres termes, il ne doit pas exister de lien de subordination, ni de rémunération.
Attention aux remboursements de frais des amateurs bénévoles. Ils doivent être soigneusement justifiés. À défaut, la relation peut être requalifiée en contrat de travail, avec toutes les conséquences que cela comporte (contrat, bulletin de paie, déclarations et paiement de cotisations…). Attention également à la rémunération « au chapeau » : elle peut être considérée comme du « faux bénévolat », surtout si la structure qui fait appel aux artistes retire un bénéfice du spectacle, quand bien même elle ne verse aucune rémunération.

L'ENGAGEMENT

LE CONTRAT DE TRAVAIL

Les contrats de travail des intermittents du spectacle sont, par nature, des contrats à durée déterminée.

Qu'est-ce qu'un «CDD d'usage» ?

Selon le Code du travail (article L. 1242-2), un CDD peut notamment être conclu pour des emplois pour lesquels, dans certains secteurs d'activité définis par décret ou par voie de convention ou d'accord collectif étendu, il est d'usage constant de ne pas recourir au contrat de travail à durée indéterminée en raison de la nature de l'activité exercée et du caractère par nature temporaire de ces emplois.

La liste des secteurs d'activité pouvant conclure des CDD d'usage comporte notamment les spectacles, l'action culturelle, l'audiovisuel, la production cinématographique et l'édition phonographique.

Un accord interbranche du 12 octobre 1998 (accord Michel) est venu préciser le cadre du recours par les entreprises du spectacle et de l'audiovisuel au CDD. Il n'est aujourd'hui plus d'actualité puisque c'est dorénavant les conventions collectives étendues qui précisent les modalités de recours aux CDD d'usage et les fonctions autorisées.

De son côté, une partie de la jurisprudence de la Cour de cassation a confirmé les règles de recours légitime au CDD d'usage, à savoir :

• l'activité principale de l'entreprise qui recourt au CDD d'usage doit relever d'un des secteurs cités à l'article D. 1242-1 du Code du travail ;
• la mention d'un secteur d'activité à l'article D. 1242-1 du Code du travail ne fonde pas à elle seule, pour les entreprises de ce secteur, la légitimité du recours au CDD d'usage ;
• le CDD d'usage, comme tout contrat à durée déterminée, doit être écrit. Il doit en outre comporter la mention précise de son motif ;
• la succession de CDD d'usage d'un salarié avec le même employeur sur plusieurs années ou plusieurs saisons peut constituer un indice du caractère indéterminé de la durée de l'emploi.

Le recours à un CDD d'usage n'est licite que pour des fonctions dont la liste est annexée à l'accord du 12 octobre 1998.

Les différences entre un CDD de droit commun et un CDD d'usage sont importantes. Pour ces derniers, la prime de précarité n'est pas due par l'employeur.

Le délai de carence entre deux contrats n'est pas applicable. Il n'existe pas de durée maximale (18 mois pour les CDD de droit commun). Enfin, le contrat peut être renouvelé sans limite (lire ci-après).

L'ENGAGEMENT

Le contrat de travail du salarié intermittent du spectacle peut être conclu de date à date, c'est-à-dire avec une date d'échéance précise. Toutefois, dans certains cas, le contrat de travail du salarié intermittent du spectacle peut ne pas comporter de terme précis au moment de sa conclusion.

Le contrat est alors conclu pour une durée minimale. Il a pour terme la réalisation de l'objet pour lequel il a été conclu (fin de tournage, fin de tournée…).

Le contrat de travail à durée déterminée d'usage peut être renouvelé autant de fois que nécessaire, contrairement aux CDD de droit commun qui ne peuvent être renouvelés qu'une seule fois.

Il n'existe pas de délai d'attente (ou délai de carence) entre deux contrats pour les CDD d'usage.

S'agissant d'un contrat de travail à durée déterminée, le contrat de travail doit impérativement être écrit. Vous devez le remettre au salarié au plus tard dans les deux jours suivant l'embauche.

Les mentions obligatoires

Comme tout CDD, le contrat de travail du salarié intermittent du spectacle doit impérativement comporter :

- le nom et l'adresse de l'employeur ;
- le nom et l'adresse du salarié ;
- l'exposé précis du motif du recours au CDD : il s'agit simplement de l'objet du contrat, à savoir, par exemple, la pièce de théâtre ;
- le nom et la qualification du salarié remplacé, s'il s'agit d'un remplacement ;
- la date d'échéance du terme et, le cas échéant, une clause de renouvellement lorsqu'il comporte un terme précis ;
- la durée minimale pour laquelle il est conclu lorsqu'il ne comporte pas de terme précis ;
- la désignation du poste de travail et de l'emploi occupé ;
- l'intitulé de la convention collective éventuellement applicable ;
- la durée de l'éventuelle période d'essai ;
- Le montant de la rémunération et de ses différentes composantes, y compris, s'il en existe, les primes et accessoires de salaires ;
- le nom et l'adresse de la caisse de retraite complémentaire (adresse d'Audiens pour les intermittents du spectacle) et, le cas échéant, ceux de l'organisme de prévoyance.

La convention collective applicable à l'entreprise peut prévoir d'autres mentions.

On trouvera un modèle de contrat d'engagement d'artiste (CDD) en page 98.

L'ENGAGEMENT

D'autres clauses sont conseillées dans les contrats des intermittents du spectacle. On en citera ici les principales. Pour les salariés appartenant aux professions ouvrant droit à une déduction spécifique pour frais professionnels (lire page 30), il est conseillé de mentionner une clause par laquelle le salarié accepte la mise en œuvre de ladite déduction.

En effet, l'employeur ne peut appliquer cette déduction que si le salarié, consulté au préalable, ne s'est pas expressément opposé à sa mise en œuvre. Une telle clause permet de formaliser l'acceptation ou l'opposition du salarié.

Concernant le salarié étranger, le contrat peut comporter une clause par laquelle le salarié déclare être en règle avec les dispositions régissant le séjour et le travail en France des ressortissants étrangers et précisant, le cas échéant, les règles fiscales relatives à la retenue à la source.

Le contrat peut comporter d'autres clauses : droit de priorité et d'exclusivité, règlement intérieur, assurances, enregistrement…

Enfin, le contrat doit «dans la mesure du possible» (pour reprendre l'expression utilisée dans une circulaire de l'Unedic) mentionner le numéro d'objet (lire page 47).

Peut-on conclure un contrat d'engagement commun à plusieurs artistes ?

Il s'agit d'un contrat collectif. En principe, un contrat de travail doit être individuel. Toutefois, conformément à l'article L. 7121-7 du Code du travail, «*il peut être commun à plusieurs artistes lorsqu'il concerne des artistes se produisant dans un même numéro ou des musiciens appartenant au même orchestre*».
Ce contrat de travail est soumis aux règles de droit commun des contrats de travail à durée déterminée. Sa validité est en outre subordonnée à deux conditions essentielles :
• le contrat doit mentionner nominativement tous les artistes engagés et comporter le montant du salaire attribué à chacun d'eux ;
• si le contrat de travail n'est revêtu que de la signature d'un seul artiste, le signataire doit impérativement avoir reçu mandat écrit de chacun des artistes figurant au contrat.

 Les contrats collectifs ne sont pas autorisés pour les techniciens.

L'ENGAGEMENT

LE BULLETIN DE PAIE

Lors de chaque paiement du salaire, l'employeur doit obligatoireement délivrer à l'artiste ou au technicien un bulletin de paie. La loi n'imposant pas la remise en main propre, un bulletin de paie peut être envoyé par voie postale.

La non-délivrance du bulletin de paie ou délivrance d'un bulletin de paie irrégulier (ou ne mentionnant qu'une partie de la rémunération et des heures de travail effectuées) est passible de sanctions pénales. Elle suffit en outre à caractériser le délit de dissimulation d'emploi salarié.

À noter que la loi de simplification de mai 2009 prévoit un bulletin de salaire simplifié et notamment dématérialisé.

Le contenu

Le contenu du bulletin de salaire d'un intermittent du spectacle, qui correspond à l'organisation classique de la paie, permet de distinguer, outre les mentions générales (identification de l'employeur et du salarié, emploi, période de paie…) quatre grandes familles de rubriques :

• les éléments constituant la rémunération brute (salaire de base et accessoires du salaire), avant et après éventuelle déduction forfaitaire spécifique pour frais professionnels.
• les cotisations salariales et patronales, qui sont versées aux différents organismes sociaux collecteurs. Seule la mention de la nature et du montant des cotisations est obligatoire. En pratique, il est fréquent d'ajouter à ces indications l'assiette et le taux des cotisations, en particulier si plusieurs assiettes sont nécessaires à leur calcul.
• les sommes non soumises à cotisations. Le bulletin de salaire doit indiquer la nature et le montant des sommes s'ajoutant à la rémunération et non soumises aux cotisations salariales ou patronales. Il s'agit pour l'essentiel des remboursements de frais professionnels.
• le «net à payer» et le «net imposable». Le premier mentionne le montant de la somme effectivement reçue par le salarié, c'est-à-dire la rémunération nette à payer. Le second ne doit pas obligatoirement être mentionné mais cette indication permet au salarié d'établir sa déclaration d'impôt sur le revenu. Pour rappel, le net imposable = salaire net + CSG et CRDS non déductibles.

Les mentions obligatoires

Les bulletins de paie doivent obligatoirement comporter un certain nombre de mentions énumérées à l'article R. 3243-1 et suivants du Code du travail. Il s'agit de :

L'ENGAGEMENT

- le nom et l'adresse de l'employeur ainsi que, le cas échéant, la désignation de l'établissement dont dépend le salarié ;
- l'intitulé et l'adresse de l'organisme auquel l'employeur verse les cotisations de sécurité sociale (Urssaf en ce qui concerne les employeurs du spectacle) ainsi que le numéro d'immatriculation sous lequel ces cotisations sont versées ;
- pour les employeurs inscrits au répertoire national des entreprises et des établissements tenus par l'Insee, le numéro de la nomenclature des activités économiques de l'activité principale (code NAF) ;
- le cas échéant, l'intitulé de la convention collective applicable au salarié ou, à défaut, la référence au Code du travail pour les dispositions relatives à la durée des congés payés du salarié (mention des articles L. 3141-3 et ss et D. 7121-31) et à la durée de préavis en cas de cessation de la relation de travail (L. 1234-1 et ss) ;
- le nom du salarié, l'emploi qu'il occupe ainsi que sa position dans la classification conventionnelle. À défaut de classification conventionnelle des emplois, la position du salarié n'a pas à être indiquée ;
- la période de travail et le nombre d'heures de travail auxquels se rapporte le salaire, en distinguant, s'il y a lieu, les heures payées au taux normal de celles qui comportent une majoration (ou pour toute autre cause), avec la majoration appliquée. Lorsque la base de calcul du salaire n'est pas la durée du travail, le bulletin de paie doit indiquer la nature de cette base. Par exemple, dans le cas des artistes, la base de calcul de la rémunération sera généralement le cachet (mais il n'est pas obligatoire de mentionner le nombre d'heures correspondant au cachet) ;
- la nature et le montant des accessoires de salaires soumis aux cotisations salariales et patronales. Par «accessoires de salaires», il convient d'entendre les primes, gratifications et indemnités diverses dont l'exclusion de l'assiette des cotisations sociales n'est pas expressément prévue (ce qui est, par exemple, le cas des avantages en nature) ;
- le montant de la rémunération brute du salaire ;
- la nature et le montant des déductions éventuellement effectuées sur la rémunération brute, comme par exemple la déduction forfaitaire spécifique pour frais professionnels ;
- la nature et le montant des cotisations salariales retenues sur cette rémunération brute en application de dispositions législatives, réglementaires ou conventionnelles ;
- la nature et le montant des cotisations patronales retenues sur la rémunération brute en application de dispositions législatives, réglementaires ou conventionnelles ;
- le montant de la CSG et de la CRDS. Il est admis que la CSG non déductible et la CRDS peuvent être regroupées sur une même ligne, la CSG déductible étant à isoler sur une ligne distincte ;
- la nature et le montant des autres déductions éventuellement effectuées sur la rémunération nette ;
- la nature et le montant des sommes s'ajoutant à la rémunération et non soumises aux cotisations sociales (comme les remboursements de frais professionnels) ;
- le montant de la somme effectivement perçue par le salarié ;
- la date de paiement de ladite somme ;

L'ENGAGEMENT

- les dates de congés et le montant de l'indemnité correspondante, lorsqu'une période de congé annuel est comprise dans la période de paie correspondante ;
- l'existence, le cas échéant, d'un droit à repos compensateur ;
- l'application, le cas échéant, de réductions sur les cotisations salariales ;
- l'existence, le cas échéant, d'heures supplémentaires exonérées (loi TEPA 1/10/2007) ;
- une mention, en caractères apparents, incitant le salarié à conserver son bulletin de salaire sans limitation de durée.

Par ailleurs, le numéro d'objet délivré par Pôle emploi doit être indiqué sur le bulletin de salaire, lorsque celui-ci est obligatoire (lire page 47).

On trouvera un modèle de bulletin de paie en page 97.

Sous réserve des mentions prohibées, des mentions supplémentaires peuvent être ajoutées soit par voie de conventions ou d'accords collectifs, soit à la seule initiative de l'employeur.

L'ENGAGEMENT

CONVENTIONS COLLECTIVES ET ACCORDS INTERBRANCHES

Qu'est-ce qu'une convention collective ?

Une convention collective est un accord écrit conclu entre, d'une part, une ou plusieurs organisations syndicales de salariés représentatives et, d'autre part, une ou plusieurs organisations syndicales d'employeurs ou tout autre groupement d'employeurs.
Complétant les dispositions du Code du travail et les adaptant aux situations particulières d'un secteur d'activité, elle comprend un texte de base, des avenants et accords ou annexes.
Elle a vocation à traiter de l'ensemble des relations collectives entre employeurs et salariés (notamment des conditions d'emploi, de formation professionnelle et de travail et des garanties sociales des salariés).

Une convention collective «étendue» est une convention qui s'applique à tous les employeurs et salariés dont l'activité entre dans son champ d'application. Lorsqu'elle est «non étendue», elle ne s'applique qu'aux entreprises ayant décidé d'appliquer la convention ou étant adhérentes d'une organisation patronale signataire. Un employeur peut également choisir de l'appliquer en dehors de toute obligation.

La convention collective qui vous est éventuellement applicable doit être mentionnée sur les bulletins de salaire que vous délivrez à vos salariés. Vous devez également tenir à leur disposition, à leur demande et pour consultation, un exemplaire à jour du texte complet de la convention.

? *Quelle convention collective dois-je appliquer ?*
C'est l'activité économique principale réelle de l'entreprise qui la détermine. Cette activité est généralement exprimée par le code NAF. Mais ce code n'a qu'une valeur indicative. C'est donc l'activité réelle qui doit être prise en compte.

Les conventions collectives dans le spectacle vivant

Les conventions collectives du secteur du spectacle font actuellement l'objet de renégociations qui pourraient aboutir à la conclusion, d'une part, d'une convention collective unique pour le spectacle vivant du secteur public et, d'autre part, d'une convention collective unique pour le secteur privé.
Actuellement, les principales conventions collectives applicables dans le secteur du spectacle sont les suivantes :

L'ENGAGEMENT

- entreprises artistiques et culturelles (étendue) ;
- entrepreneurs de spectacles, «tournées» (étendue) ;
- théâtres Privés (étendue) ;
- chanson/variétés/jazz/musiques actuelles (non étendue) ;
- animation (étendue) ;
- entreprises techniques au service de la création et de l'événement (étendue).

Les accords interbranches

À côté du Code du travail, du règlement intérieur, et des usages, les accords interbranches négociés par les partenaires sociaux adaptent et complètent, souvent dans un sens plus favorable au salarié, les dispositions légales et réglementaires. Ils sont généralement «étendus».

Les principaux intéressant le secteur du spectacle vivant sont les suivants :

- 24 juin 2008 : accord interbranche sur la politique contractuelle dans le spectacle vivant public et privé (étendu) ;

- 16 juin 2008 et 20 décembre 2006 : accord interbranche instituant des garanties collectives et obligatoires pour l'ensemble des intermittents du spectacle (étendu) ;

- 6 juillet 2007 : accord interbranche relatif aux modalités d'accès à la formation professionnelle tout au long de la vie pour les intermittents du spectacle (étendu) ;

- 22 mars 2005 : accord interbranche du spectacle vivant portant définition commune des champs d'application des conventions collectives des secteurs privé et public (étendu) ;

- 12 octobre 1998 : accord interbranche sur le recours au contrat à durée déterminée d'usage dans le spectacle (étendu).

Rémunération : quel minima appliquer ?

La détermination du salaire d'un artiste ou d'un technicien du spectacle est libre. Elle relève donc de la liberté contractuelle de l'employeur et du salarié. Toutefois, il importe de respecter les salaires minima conventionnels, c'est-à-dire les rémunérations minima qui sont fixées par les conventions collectives, correspondant à des classifications particulières. La rémunération à prendre en compte pour apprécier si le salarié bénéficie bien du minimum conventionnel est la rémunération avant une éventuelle déduction forfaitaire spécifique pour frais professionnels.
Pour connaître les barèmes de rémunérations minima, vous pouvez, par exemple, vous adresser aux syndicats relevant de votre champ d'activité (musique, théâtre, danse, variétés...), en particulier à ceux qui sont signataires d'une convention collective.

L'ENGAGEMENT

LES ARTISTES ET TECHNICIENS ÉTRANGERS

Avant l'embauche

Lorsque vous engagez un artiste étranger, vous êtes tout d'abord tenu de vérifier qu'il est bien titulaire d'une autorisation de travail en cours de validité. À défaut, vous devez effectuer les démarches en vue de l'obtention de ce titre. Comme pour tous salarié, vous devez également vous assurer qu'il a bénéficié d'une visite de la médecine du travail il y a moins d'un an et, si cela n'est pas le cas, lui faire passer la visite. Vous devez établir un contrat de travail, traduit en français, respecter la convention collective qui vous est éventuellement applicable et effectuer toutes les formalités ordinaires d'embauche (DPAE, déclarations, cotisations…).

L'autorisation de séjour et de travail

Autorisation de séjour : elle doit être demandée à l'ambassade ou au consulat de France par tout étranger, à l'exception des ressortissants européens et des ressortissants de certains pays comme la Suisse, Andorre ou Monaco.

Autorisation de travail : en plus de l'éventuelle autorisation de séjour, un étranger non ressortissant d'un État membre de l'Union européenne ou d'un État partie à l'accord sur l'Espace économique européen ne peut exercer en France une activité professionnelle sans avoir obtenu au préalable une autorisation de travail. Une exemption est prévue pour certains pays.

L'autorisation provisoire de travail ou la carte de séjour temporaire professionnelle artistique et culturelle :

Une autorisation provisoire de travail (APT) a une durée maximum de neuf mois, renouvelable dans la limite de la prestation pour laquelle elle est sollicitée. Au-delà de trois mois, cette APT est accompagnée d'une carte de séjour temporaire «travailleur temporaire». Pour les artistes, cette carte de séjour porte la mention «Profession artistique et culturelle».

Lorsque l'artiste intervient en France pour une durée inférieure à trois mois, il se voit délivrer une autorisation provisoire de travail. Aucun titre ou carte de séjour n'est nécessaire (un visa de court séjour est souvent requis). Lorsque l'artiste est encore dans son pays, la demande d'APT est déposée par l'employeur français à la DDTEFP du lieu où il exerce son activité principale. Lorsque l'artiste est déjà sur le territoire français, la demande d'APT est déposée directement par l'artiste à la préfecture de son lieu de résidence.

L'ENGAGEMENT

? *Qu'entend-on par «retenue à la source» ?*
Les sommes correspondant à des prestations artistiques fournies ou utilisées en France sont soumises à une retenue à la source lorsqu'elles sont versées à un artiste n'ayant pas en France d'installation professionnelle. Cette retenue est spécifique aux prestations artistiques. Elle s'élève à 15% du montant brut des sommes versées (salaires ou redevances), après déduction d'un abattement de 10% au titre des frais professionnels. Des conventions fiscales internationales prévoient des exemptions.
Les techniciens peuvent également être concernés mais le barème d'imposition est différent : 0%, 15% ou 25%, par tranches en fonction de la rémunération versée.

Lorsque l'artiste intervient en France pour une durée supérieure à 3 mois, il doit être titulaire soit d'une autorisation provisoire de travail et d'une carte de séjour temporaire, soit d'une carte de séjour temporaire portant la mention « Profession artistique et culturelle ».

Les cotisations applicables

Comme pour les autres salariés, des cotisations sont dues aux différents organismes sociaux. Lorsque l'artiste n'est pas domicilié fiscalement en France, la CSG et la CRDS ne sont pas dues et une cotisation supplémentaire est due au titre de la maladie pour les artistes «non résidents». S'agissant d'Audiens (retraite complémentaire), lire page 52.

Si l'artiste est ressortissant de l'Espace économique européen, des règles spécifiques s'appliquent. Ainsi, il est, en application de la réglementation européenne, soumis à la seule législation de sécurité sociale, d'Assurance chômage et de retraite complémentaire de son pays de résidence. Mais attention : pour appliquer cette règle, vous devez apporter la preuve du maintien de l'affiliation de l'artiste au régime de sécurité sociale d'un autre État membre, en détenant le formulaire E101 délivré par les institutions étrangères. Dans ce cas, vous devrez verser les cotisations aux institutions de l'État de résidence. S'il peut le faire directement ou donner mandat au salarié de le faire, l'employeur reste responsable du versement des cotisations.

Un nouveau formulaire pour simplifier les démarches

Tout employeur, établi en France ou à l'étranger, souhaitant produire ou employer en France, pour quelque durée que ce soit, un artiste ou un technicien étranger (hors UE, EE et Suisse) du spectacle vivant ou enregistré peut utiliser le nouveau formulaire CERFA 13649*01. Il est baptisé «Demande d'autorisation de travail d'un artiste ou technicien étranger du spectacle vivant et enregistré - Contrat de travail simplifié» et permet de solliciter l'autorisation d'employer un étranger non muni d'une autorisation de travail.

Pour en savoir plus sur l'engagement d'artistes et de techniciens étrangers, consultez le site www.artistes-etrangers.eu

L'ENGAGEMENT

L'ENGAGEMENT D'UN ENFANT DANS UN SPECTACLE

Les règles et formalités préalables

La loi dispose que l'engagement de mineurs de moins de 16 ans dans le spectacle est subordonné au passage devant la Commission des enfants du spectacle (articles L.7124-1 à L.7124-35, R.7124-1 à R.7124-38 du Code du travail).

Ainsi, toute personne désirant engager ou produire pour un spectacle ou une production déterminée, à quelque titre que ce soit (une entreprise de cinéma, de radiophonie, de télévision ou d'enregistrement sonore), un enfant n'ayant pas dépassé l'âge de 16 ans, doit déposer préalablement une demande d'autorisation auprès du Préfet du Département où se trouve le siège de l'entreprise. Lorsque le siège de l'entreprise se trouve à l'étranger ou lorsque l'entreprise n'a pas de siège fixe, la demande est déposée auprès du Préfet de Paris. À Paris, la demande d'autorisation accompagnée des pièces indiquées ci-après doit être adressée à la : Direction des Affaires Sanitaires et Sociales de Paris Vie familiale et Droits des Personnes Commission des enfants du spectacle - 75, rue de Tocqueville - 75850 Paris Cedex 17.

L'employeur doit compléter un questionnaire «Conditions d'emploi» (pièce maîtresse du dossier). Très fréquent lorsqu'il s'agit d'un spectacle, le travail de nuit (après 20 heures) nécessite une dérogation de l'Inspection du travail. De leur côté, les deux parents doivent donner leur accord par écrit (un mineur de plus de 13 ans doit également donner personnellement son avis favorable par écrit).

Les mineurs de plus de 16 ans non émancipés, c'est-à-dire soumis à l'autorité parentale, n'ont pas, en principe, la capacité de signer un contrat de travail. Ce sont donc les parents qui doivent le faire pour eux. Le Code du travail permet la perception d'un salaire par le mineur, sous réserve d'une autorisation parentale. Les mineurs de plus de 16 ans émancipés qui travaillent dans le spectacle vivant relèvent, quant à eux, du droit commun. Ils disposent de la capacité à contracter et peuvent percevoir directement leur salaire.

La rémunération de l'enfant

Le montant de la rémunération perçue par le mineur doit respecter les minima prévus par la convention collective applicable. Son versement est réglementé par les articles L.7124-9 et suivants du Code du travail. Une partie doit être obligatoirement déposée à la Caisse des dépôts et consignations et gérée par cet organisme jusqu'à la majorité de l'enfant. Attention également à respecter les règles relatives à la durée du travail.

LES FRAIS PROFESSIONNELS

Les remboursements de frais

Les indemnités de remboursement de frais professionnels, prises en charge par l'employeur, doivent correspondre à une dépense inhérente à l'emploi, c'est-à-dire découlant des conditions d'exécution du travail et imposant au salarié une charge supérieure à celles liées à la vie courante. Elles doivent également constituer une dépense effectivement exposée par le salarié.

À défaut de répondre à ces deux conditions, les sommes versées aux salariés sont considérées comme des salaires malgré leur dénomination et même si elles n'ont pas supporté les cotisations de sécurité sociale.

Les modalités de remboursement

Il existe trois modalités de prise en charge des frais professionnels par l'employeur :
- soit **forfaitairement** par versement d'une indemnité représentative de frais. L'employeur doit alors pouvoir démontrer que les salariés étaient bien placés dans les conditions de travail (horaires, déplacement, grand déplacement...) qui justifient une indemnité. Il pourra présenter, par exemple, les contrats de travail ou les contrats de cession de droit de représentation des spectacles.
- soit **intégralement sur justification des dépenses réelles**, c'est-à-dire sur présentation de factures ;
- soit **par inclusion dans le salaire**, la prise en charge des frais professionnels ne faisant dans ce cas pas l'objet d'une indemnisation séparée mais se trouvant comprise dans le montant du salaire. Cette modalité est utilisée pour les catégories de salariés bénéficiant d'une déduction forfaitaire spécifique pour frais professionnels (comme les artistes et régisseurs de théâtre). Cette inclusion dans le salaire ne fait pas obstacle à ce que soit versée en sus une indemnité forfaitaire ou pour frais réels pour les artistes et régisseurs de théâtre en tournée et pour les activités saisonnières comme les festivals, par exemple.

Indemnités forfaitaires et conventions collectives

De nombreuses conventions collectives prévoient l'allocation d'indemnités forfaitaires aux salariés (repas, transport, hébergement). Dans ce cas, le salarié n'a pas à justifier des frais réellement engagés.

À titre d'exemple, la convention collective nationale des entreprises artistiques et culturelles

LES FRAIS PROFESSIONNELS

prévoit l'attribution d'une indemnité de repas, de logement et de petit déjeuner à l'occasion d'un déplacement (tournée ou date de représentation isolée).

Les frais de véhicule

Lorsque le salarié utilise son véhicule personnel (voiture, moto, vélomoteur ou scooter), l'indemnité forfaitaire kilométrique est exonérée de cotisations dans les limites fixées par les barèmes kilométriques publiés annuellement par l'administration fiscale (exemple : le barème 2008 est à utiliser en 2009).
Ces barèmes comprennent les frais d'essence, d'amortissement et d'entretien des véhicules.
Les frais de péage et de parking peuvent être remboursés en sus, sur présentation des justificatifs.

Les indemnités spéciales

Les indemnités spéciales (indemnité d'habillement, indemnité instrumentale, feux, prime d'équipement...) sont considérées comme des éléments de rémunération entrant dans l'assiette de cotisations. Elles doivent donc être intégrées à la rémunération brute.
Elles peuvent être cumulées avec l'application d'une déduction forfaitaire spécifique pour frais professionnels.

L'exonération de cotisations

Les sommes forfaitaires correspondant à des frais professionnels ne sont pas soumises à cotisations lorsqu'elles n'excèdent pas les limites d'exonération Urssaf en vigueur et que l'employeur peut apporter la preuve de l'utilisation effective des indemnités conformément à leur objet.
L'employeur reste parfaitement libre d'attribuer aux salariés des allocations forfaitaires d'un montant supérieur aux limites d'exonération, que celles-ci soient imposées par une convention collective ou non, mais il devra réintégrer dans l'assiette des cotisations la différence entre le montant de l'allocation forfaitaire et la limite d'exonération.

Les repas

Lorsque l'employeur fournit la nourriture, quel que soit le montant de la rémunération du salarié, cet avantage est évalué forfaitairement. Le remboursement du repas est exonéré de cotisations et contributions sociales dans les limites prévues par l'arrêté du 20 décembre 2002 relatif aux frais professionnels.

LES FRAIS PROFESSIONNELS

Ce montant forfaitaire constitue une évaluation minimale quel que soit le montant réel de l'avantage en nature nourriture fourni et quel que soit le montant de la rémunération du travailleur salarié ou assimilé.

La déduction forfaitaire spécifique pour frais professionnels

Certaines professions bénéficient, en matière sociale (cette disposition a été supprimée sur le plan fiscal), d'une déduction forfaitaire spécifique pour frais professionnels. Le terme d'abattement forfaitaire supplémentaire pour frais professionnels n'est plus employé par les textes.

Le cumul de la déduction forfaitaire spécifique avec le remboursement de frais (au réel ou au forfait) est possible. Toutefois, les frais professionnels doivent être intégrés au salaire avant application de la déduction.

Les professions ouvrant droit à une déduction forfaitaire spécifique pour frais professionnels sont notamment les suivantes :
- artistes dramatiques, lyriques, cinématographiques ou chorégraphiques : 25% ;
- artistes musiciens, choristes, chefs d'orchestre et régisseurs de théâtre : 20% ;
- speakers de la radiodiffusion-télévision française : 20 % ;
- personnel de création de l'industrie cinématographique (1) : 20%.

(1) D. adm. 5F-2532 n°17, sous conditions et pour certaines professions seulement.

Le montant de la déduction forfaitaire spécifique pour frais professionnels est limité à 7 600 euros par an, par salarié et par employeur.

Exemple : Un artiste musicien
Salaire brut versé au salarié pendant l'année : 64 000 €
Déduction spécifique pour frais professionnels de 20% : 12 800 €
Brut abattu : 51 200 €
Plafond d'abattement : 7 600 €
Brut abattu plafonné : 64 000 € – 7 600 € = 56 400 €

L'employeur doit consulter au préalable le salarié ou son représentant pour lui demander l'autorisation de mettre en œuvre la déduction. Il ne peut appliquer cette déduction lorsque le salarié ou son représentant a refusé expressément ce mode de déduction.
Dans le contrat de travail du salarié, il est conseillé de mentionner une clause par laquelle le salarié accepte la mise en œuvre de la déduction. Une telle clause permet de formaliser l'acceptation ou l'opposition du salarié.
Le salarié peut réviser sa décision pour l'année à venir. Pour ce faire, il doit adresser un courrier à l'employeur avant le 31 décembre de l'année en cours.
On trouvera un modèle de courrier en vue de la consultation préalable du salarié en page 108.

LES FRAIS PROFESSIONNELS

La réintégration des indemnités ou remboursement de frais

En cas d'application de la déduction forfaitaire spécifique pour frais professionnels, l'assiette de cotisations doit comprendre, outre la rémunération brute, indemnités et primes, les indemnités versées au titre des frais professionnels (remboursement de frais réels ou allocation forfaitaire, sauf pour celles qui sont exonérées, lire ci-après). L'employeur doit ensuite appliquer l'abattement.

Si l'employeur ne pratique pas la déduction forfaitaire spécifique, l'assiette de cotisations ne comporte pas les indemnités versées au titre des frais professionnels, dans les limites exposées plus haut.

Les indemnités et allocations exonérées

Restent exonérées (et donc ne doivent pas être réintégrées) :
• Les indemnités journalières de «défraiement» versées aux artistes dramatiques, lyriques, chorégraphiques ainsi qu'aux régisseurs de théâtre, qui participent à des tournées théâtrales ;
• Les allocations de «saison», allouées aux artistes, musiciens, chefs d'orchestre et autres travailleurs du spectacle qui sont engagés par les casinos, les théâtres municipaux ou les théâtres bénéficiant de subventions des collectivités territoriales pendant la durée de la saison ainsi que, le cas échéant, les remboursements de leurs frais de déplacement. Il en est de même pour les répétitions effectuées dans le cadre de la saison.
• Les allocations et remboursements de frais perçus par les chefs d'orchestre, musiciens et choristes à l'occasion de leurs déplacements professionnels en France et à l'étranger (exemple : tournée de concerts). Il en va de même pour les répétitions effectuées dans le cadre de ces déplacements.
Ces exonérations peuvent être appliquées dans la limite des montants fixes par l'arrêté du 20 décembre 2002 en ce qui concerne les indemnités forfaitaires et sur la base des dépenses réellement engagées par le salarié pour les remboursements au réel.
• La prise en charge obligatoire par les employeurs de 50% du coût des titres de transport en commun utilisé par les salariés pour effectuer les trajets domicile-lieu de travail. De même, la prime de transport instituée par l'arrêté du 28 septembre 1948 et applicable en région parisienne et en province peut être admise dans la limite de 4 euros. Les sommes versées en plus doivent être réintégrées dans l'assiette de cotisations.
• La contribution patronale à l'acquisition des titres restaurant dans la limite de 5,19 euros (valeur en vigueur au 1er janvier 2009) par titre et lorsque le montant de la participation de l'employeur est compris entre 50% et 60% de la valeur du titre.

LES ORGANISMES

L'URSSAF

Les cotisations du régime général de sécurité sociale sont dues pour l'emploi de travailleurs salariés et assimilés. Ces cotisations, qui sont recouvrées par l'Urssaf (Union de recouvrement des cotisations de sécurité sociale et d'allocations familiales) servent à financer les trois branches de risques pris en charge par la sécurité sociale : maladie, accidents du travail-maladies professionnelles, retraite.

Les rémunérations concernées

Selon les termes de l'article L. 242-1 du Code de la sécurité sociale, sont considérée comme devant entrer dans l'assiette des cotisations toutes les sommes versées aux salariés en contrepartie ou à l'occasion du travail. Il s'agit notamment des éléments de rémunération suivants :

- salaire ;
- primes, gratifications et autres avantages en argent ;
- avantages en nature ;
- indemnités de congés payés.

Les cotisations assises sur les indemnités de congés payés sont dues directement par l'employeur en ce qui concerne le régime général. S'agissant des intermittents du spectacle, les cotisations dues sur l'indemnité de congés versée par les Congés Spectacles sont versées par cette dernière.

Pour les organisateurs non professionnels de spectacles vivants

Les obligations de l'employeur vis-à-vis de l'Urssaf sont remplies par l'intermédiaire du Guso. On se reportera à la page 77 du présent ouvrage.

Les assiettes de cotisation

Le montant des rémunérations devant être pris en compte pour déterminer l'assiette des cotisations ne peut être inférieur au SMIC (8,71 € bruts par heure au 1er juillet 2008) auquel il convient d'ajouter, le cas échéant, les indemnités, primes ou majorations résultant de dispositions législatives ou réglementaires.

Pour les intermittents du spectacle **hors artistes** (techniciens, chargés de production…), les cotisations Urssaf sont calculées sur l'ensemble des rémunérations brutes, sauf pour les cotisations d'assurance vieillesse et d'aide au logement dont l'assiette est limitée au plafond de sécurité sociale.

Ces assiettes s'entendent après éventuelle déduction forfaitaire spécifique pour frais professionnels (lire page 30).

Concernant les intermittents du spectacle artistes, lorsqu'il s'agit de cachets groupés, les cotisations Urssaf sont calculées sur l'ensemble des rémunérations brutes, sauf pour les cotisations d'assurance vieillesse et d'aide au logement dont l'assiette est limitée au plafond de sécurité sociale.

Ces assiettes s'entendent après éventuelle déduction forfaitaire spécifique pour frais professionnels (lire ci-après).

L'application d'une déduction forfaitaire spécifique pour frais professionnels ne peut avoir pour conséquence de ramener la base de calcul des cotisations à un montant inférieur à l'assiette minimum.

Les artistes intermittents du spectacle ne sont pas concernés par cette règle lorsqu'ils sont rémunérés sous forme de cachets. En effet, l'Urssaf semble considérer que l'assiette minimum de cotisations ne s'applique pas aux artistes payés «au cachet» car leurs cotisations sont calculées sur des bases forfaitaires (Code de la sécurité sociale art. R. 242-1). En revanche, lorsque les artistes sont rémunérés en fonction du temps de travail effectif, autrement dit sous forme d'heures, leur salaire à prendre en compte, après éventuelle déduction forfaitaire spécifique pour frais professionnels, ne peut être inférieur au SMIC, selon les règles venant d'être exposées.

L'assiette maximale de cotisations pour les artistes du spectacle

Jusqu'au 31 août 2007, l'employeur d'artistes du spectacle pouvait bénéficier, pour l'application des cotisations sociales, d'une assiette forfaitaire maximale égale à douze plafonds horaires par jour de travail (252 € au 1er janvier 2009), pour toute période d'engagement continu inférieure à cinq jours (répétitions, représentations, enregistrement).

Cette assiette forfaitaire était applicable pour le calcul de toutes les cotisations plafonnées et déplafonnées. Un arrêté du 12 décembre 2006 (JO du 30 décembre 2006) a modifié l'arrêté du 24 janvier 1975. Ainsi, depuis le 1er septembre 2007, pour les périodes d'engagement continu inférieures à cinq jours, et pour chaque journée de travail accomplie par un artiste et pour un même employeur, l'assiette forfaitaire maximale reste applicable aux cotisations plafonnées (vieillesse plafonnée et FNAL 0,10%) mais elle n'est plus applicable aux cotisations et contributions déplafonnées, qui doivent être calculées sur l'ensemble de la rémunération

Deux bases sont donc à indiquer sur les bordereaux de cotisations : en déplafonné, l'employeur est tenu de mentionner l'ensemble des rémunérations après abattement éventuel de 20% ou 25% ; en plafonné, la base indiquée est limitée à douze plafonds horaires.

LES ORGANISMES

La déduction forfaitaire spécifique pour frais professionnels

Les employeurs sont autorisés, sous conditions, à pratiquer sur l'assiette de certaines cotisations de sécurité sociale un abattement de 20% ou 25% correspondant à la déduction forfaitaire spécifique pour frais professionnels applicable notamment aux artistes et régisseurs de théâtre. Pour en savoir plus sur cette déduction, lire page 30.

Les remboursements de frais professionnels sont exclus de l'assiette des cotisations lorsque le montant de l'indemnisation reste inférieur ou égal aux limites d'exonération.

Le plafond de sécurité sociale

Il constitue la limite au-delà de laquelle la rémunération retenue dans l'assiette de cotisations n'est plus prise en compte pour le calcul des cotisations. Ainsi, certaines cotisations sont dites «plafonnées» et d'autres «déplafonnées».

La détermination du plafond applicable est liée à la périodicité de la paie.

Le montant du plafond de sécurité sociale est relevé chaque année (au 1er janvier) par décret. Le plafond applicable est celui en vigueur à la date à laquelle survient le paiement du salaire, quelle que soit la période de travail à laquelle se rapporte la rémunération.

La rémunération des utilisations secondaires du travail enregistré donne lieu à des cotisations calculées sur un plafond journalier (arrêté du 30 octobre 1980).

PLAFONDS SÉCURITÉ SOCIALE AU 1ER JANVIER 2009	
Périodicité	Montant
Plafond annuel	34 308 €
Plafond trimestriel	8 577 €
Plafond mensuel	2 859 €
Plafond quinzaine	1 430 €
Plafond semaine	660 €
Plafond journée	157 €
Plafond horaire	21 €

Les cotisations applicables

Les cotisations de sécurité sociale sont les suivantes :

- assurance sociale : assurance maladie (maladie, maternité, invalidité, décès), assurance vieillesse déplafonnée et assurance vieillesse plafonnée.
- accident du travail ;

LES ORGANISMES

- allocations familiales ;
- aide au logement ;
- versement de transport (le cas échéant) ;
- taxe sur la cotisation prévoyance (le cas échéant).

Il convient également d'appliquer la CSG et la CRDS, recouvrées par l'Urssaf.

Cotisations Urssaf *Taux au 1/5/2009*

	À VERSER À L'URSSAF			
Cotisation	Assiette	Salarié %	Employeur %	Total
CSG déductible	97% du salaire brut total + 97% de la cotisation prévoyance patronale	5,10	-	5,10
CSG déductible et CRDS	97% du salaire brut total + 97% de la cotisation prévoyance patronale	2,90	-	2,90

Les taux de cotisation

Personnels du spectacle hors artistes

Pour cette catégorie de salariés, il est fait application des taux du régime général.

Personnels artistes

Pour les artistes uniquement, il est fait application de taux réduits, sauf en ce qui concerne la taxe prévoyance et la contribution solidarité. En effet, les taux de cotisations de sécurité sociale pour l'emploi d'artistes s'élèvent à 70% des taux du régime général.

Chaque modification des taux du régime général entraîne par conséquent celle des taux réduits.

Pour connaître les différents taux applicables, lire page suivante.

Paiement des cotisations

L'ensemble des cotisations qui viennent d'être étudiées doit être versé à l'Urssaf du lieu d'implantation de l'entreprise. La périodicité et la date de paiement des cotisations de sécurité sociale varient selon l'effectif de l'entreprise (mensuel, trimestriel…).

En cas de non-paiement des cotisations de sécurité sociale à la date d'exigibilité, des majorations de retard sont automatiquement appliquées.

LES ORGANISMES

Cotisations Urssaf – **Intermittents <u>artistes</u>**

Taux au 1/5/2009

À VERSER À L'URSSAF

Cotisation	Assiette	Salarié %	Employeur %	Total
Assurance maladie	Totalité après abattement	0,53	8,96	9,49
Assurance vieillesse plafonnée	Tranche A après abattement	4,66	5,81	10,47
Assurance vieillesse déplafonnée	Totalité après abattement	0,07	1,12	1,19
Allocations familiales	Totalité après abattement	-	3,78	3,78
Accidents du travail	Totalité après abattement	-	1,40	1,40
Aide au logement FNAL	Tranche A après abattement	-	0,07	0,07
Aide au logement FNAL > 9 salariés	Totalité après abattement	-	0,28	0,28
Versement transport > 9 salariés	Totalité après abattement	-	Variable	-
Taxe prévoyance > 9 salariés	Cotisation prévoyance patronale	-	8,00	8,00
Contribution solidarité autonomie	Totalité après abattement	-	0,30	0,30

Cotisations Urssaf – **Intermittents <u>hors artistes</u>**

Taux au 1/5/2009

À VERSER À L'URSSAF

Cotisation	Assiette	Salarié %	Employeur %	Total
Assurance maladie	Totalité après abattement	0,75	12,80	13,55
Assurance vieillesse plafonnée	Tranche A après abattement	6,65	8,30	14,95
Assurance vieillesse déplafonnée	Totalité après abattement	0,10	1,60	1,70
Allocations familiales	Totalité après abattement	-	5,40	5,40
Accidents du travail	Totalité après abattement	-	Variable	-
Aide au logement FNAL	Tranche A après abattement	-	0,10	0,10
Aide au logement FNAL > 9 salariés	Totalité après abattement	-	0,40	0,40
Versement transport > 9 salariés	Totalité après abattement	-	Variable	-
Taxe prévoyance > 9 salariés	Cotisation prévoyance patronale	-	8,00	8,00
Contribution solidarité autonomie	Totalité après abattement	-	0,30	0,30

LES ORGANISMES

PÔLE EMPLOI

Pôle emploi est chargé du recouvrement des cotisations d'Assurance chômage et des cotisations AGS.

Pour les salariés permanents du spectacle, l'affiliation et le versement des contributions doivent être effectués auprès du Pôle emploi du lieu où est situé l'établissement ou auprès de Pôle emploi services si l'employeur est situé à Paris ou en région parisienne.

Concernant les personnels intermittents du spectacle, les cotisations sont gérées par le Centre National Cinéma Spectacle (CNCS), implanté à Annecy et compétent pour l'affiliation et le recouvrement des cotisations de ces catégories de salariés.

Dans le cadre de la fusion ANPE-Unedic, le transfert du recouvrement des contributions d'Assurance chômage vers l'Urssaf sera effectif au plus tard au 1er janvier 2012. Toutefois, un amendement instaurant une dérogation au principe du transfert du recouvrement vers l'Urssaf a été intégré dans la loi du 13 février 2008 relative à la fusion. Il maintient le recouvrement des contributions des employeurs relevant des annexes 8 et 10 dans le champ de Pôle emploi.

L'affiliation doit être effectuée même si l'employeur est déjà affilié auprès d'un autre Pôle emploi pour les autres catégories de personnel.

Pour les organisateurs qui n'ont pas pour activityé le spectacle vivant, les obligations de l'employeur vis-à-vis de Pôle emploi sont remplies par l'intermédiaire du Guichet unique (Guso). On se reportera à la page 77 du présent ouvrage.

Le régime d'Assurance chômage des intermittents du spectacle est régi par l'annexe 8 de la convention Assurance chômage (techniciens) et par l'annexe 10 (artistes).

Les employeurs concernés par l'engagement d'intermittents du spectacle

Les textes ont délimité de manière stricte les champs d'application des annexes 8 et 10.

Ainsi, l'annexe 8 au règlement de l'Assurance chômage s'applique aux employeurs relevant des articles L. 5422-13 ou L. 5424-1 et ss du Code du travail, de l'édition de l'enregistrement sonore, de la production cinématographique et audiovisuelle, de la diffusion de programmes de télévision ou de la radio, ainsi que de la production de spectacles vivants ou de la réalisation de prestations techniques pour la création de spectacles vivants dans les domaines d'activité définis ci-après et répertoriés par un code de la Nomenclature d'activités française (NAF).

LES ORGANISMES

Pour connaître les nouveaux codes NAF, on se reportera page 104.

- *Édition d'enregistrement sonore.* Il s'agit de l'édition de disques, de disques compacts et de bandes contenant de la musique ou d'autres enregistrements sonores. L'activité de l'employeur doit être répertoriée par le code NAF 59.20 Z - Édition d'enregistrements sonores et édition musicale.

- *Production d'œuvres cinématographiques.* Est visée la production et la réalisation de films d'auteurs, de longs et courts métrages destinés à la projection dans les salles. L'activité de l'employeur doit être répertoriée par le code NAF 59.11 C - Production de films pour le cinéma.

- *Production d'œuvres audiovisuelles.* Cela comprend la production et la réalisation de programmes ou d'œuvres consistant en des séquences animées d'images sonorisées ou non. L'activité de l'employeur doit être répertoriée par les codes NAF suivants : 59.11 A - Production de films et de programmes pour la télévision ; 59.11 B - Production de films institutionnels et publicitaires.

- *Prestations techniques au service de la création et de l'événement.* Sont à considérer à ce titre tous les employeurs dont le code NAF est : 59.11 C - Production de films pour le cinéma, 59.12 Z Post-production de films cinématographiques, de vidéo et de programmes de télévision, 59.20 Z - Enregistrement sonore et édition musicale ou 90.02 Z Activités de soutien au spectacle vivant et détention du label «prestataire de service du spectacle vivant».

- *Radiodiffusion.* Il s'agit de la production de programmes de radio combinée ou non avec des activités de diffusion. L'activité de l'employeur doit être répertoriée par le code NAF 59.20 Z - Enregistrement sonore ou 60.10 Z - Radiodiffusion.

- *Télédiffusion.* L'activité de l'employeur doit être répertoriée par les codes NAF 60.20 A - Édition de chaînes généraliste ou 60.20 B - Édition de chaînes thématiques.

- *Spectacle vivant privé et spectacle vivant subventionné.* L'activité de l'employeur doit être répertoriée dans l'une des trois catégories suivantes :

1re catégorie : les employeurs titulaires de la licence de spectacle et dont l'activité principale est répertoriée par le code NAF 90.01 Z - Arts du spectacle vivant.

2e catégorie : les employeurs titulaires de la licence d'entrepreneur de spectacle n'ayant pas le code NAF de la 1re catégorie visee ci-dessus, et affiliés aux Congés Spectacle.

3e catégorie : les employeurs ayant organisé des spectacles occasionnels tels que définis par l'article 10 de l'ordonnance du 13 octobre 1945 et la loi n°99-198 du 18 mars 1999 relatives aux spectacles qui ont fait l'objet d'une déclaration préalable à la préfecture.

L'annexe 10 au règlement de l'Assurance chômage est, quant à elle, applicable à tous les employeurs visés par les articles L. 5422-13 et L. 5424-1 et ss du Code du travail lorsqu'ils engagent un artiste par contrat de travail à durée déterminée. Il en résulte que sont tenus

LES ORGANISMES

aux obligations spécifiques prévues par l'annexe 10 l'ensemble des employeurs du secteur public ou du secteur privé, lorsqu'ils s'assurent le concours d'un artiste dans les conditions précitées.

- *Production de films d'animation.* 59.11 A - Production de films et de programmes pour la télévision ; 59.11 B - Production de films institutionnels et publicitaires ; 59.11 C - Production de films pour le cinéma (uniquement animation) ; 59.12 Z - Post-production de films cinématographiques, de vidéo et de programmes de télévision (uniquement studios d'animation).

L'affiliation de l'employeur

Tout employeur de personnels intermittents du spectacle est tenu de s'affilier au Centre de Recouvrement Cinéma Spectacle d'Annecy dès l'embauche de son premier salarié intermittent. Lorsqu'il est un organisateur n'ayant pas pour activité principale le spectacle vivant, il doit faire appel au Guso (lire page 77).

Les salariés concernés

Les salariés embauchés comme intermittents de l'annexe 8 (donc non artistes) doivent impérativement exercer une fonction figurant dans la liste limitative édictée dans l'annexe (voir pages suivantes). Cette fonction doit figurer sur le bulletin de salaire.

En ce qui concerne l'annexe 10 (artistes), le salarié doit exercer la fonction d'artiste telle que définie à l'article L. 7121-2 et suivants du Code du travail : «*sont considérés comme artistes du spectacle, notamment l'artiste lyrique, l'artiste dramatique, l'artiste chorégraphique, l'artiste de variétés, le musicien, le chansonnier, l'artiste de complément, le chef d'orchestre, l'arrangeur-orchestrateur et, pour l'exécution matérielle de sa conception artistique, le metteur en scène.*»

Le salarié doit aussi se produire lors d'un spectacle vivant (exemples : pièce de théâtre, concert) ou un spectacle enregistré (exemple : un long métrage).

CONSULTEZ LA LISTE DES FONCTIONS (HORS ARTISTES)

LES ORGANISMES

Liste des fonctions autorisant le recours à l'intermittence du spectacle

FONCTIONS DE LA PRODUCTION AUDIOVISUELLE
1. 1er assistant décorateur
2. 1er assistant décorateur spécialisé
3. 1er assistant OPV
4. 1er assistant OPV spécialisé
5. 1er assistant réalisateur
6. 1er assistant réalisateur spécialisé
7. 1er assistant son
8. 2ème assistant décorateur
9. 2ème assistant décorateur spécialisé
10. 2ème assistant OPV
11. 2ème assistant OPV spécialisé
12. 2ème assistant réalisateur
13. 2ème assistant réalisateur spécialisé
14. Accessoiriste
15. Accessoiriste spécialisé
16. Administrateur de production
17. Administrateur de production spécialisé
18. Aide de plateau
19. Animatronicien
20. Assistant d'émission
21. Assistant de post-production
22. Assistant de production
23. Assistant de production adjoint
24. Assistant de production spécialisé
25. Assistant lumière
26. Assistant lumière spécialisé
27. Assistant monteur
28. Assistant monteur adjoint
29. Assistant monteur spécialisé
30. Assistant OPV adjoint
31. Assistant réalisateur
32. Assistant réalisateur adjoint
33. Assistant régisseur adjoint
34. Assistant son
35. Assistant son adjoint
36. Assistante scripte adjointe
37. Bruiteur
38. Cadreur
39. Cadreur spécialisé/OPV spécialisé
40. Chargé de post-production
41. Chargé de production
42. Chauffeur
43. Chef constructeur
44. Chef costumier
45. Chef costumier spécialisé
46. Chef d'équipe
47. Chef de plateau/Régisseur de plateau
48. Chef décorateur
49. Chef décorateur spécialisé
50. Chef éclairagiste
51. Chef électricien
52. Chef machiniste
53. Chef maquilleur
54. Chef maquilleur spécialisé
55. Chef monteur
56. Chef monteur spécialisé
57. Chef OPS
58. Chef OPS spécialisé/ Ingénieur du son spécialisé
59. Chef OPV
60. Coiffeur
61. Coiffeur perruquier
62. Coiffeur perruquier spécialisé
63. Coiffeur spécialisé
64. Collaborateur artistique
65. Comptable de production
66. Comptable de production spécialisé
67. Conducteur de groupe
68. Conformateur
69. Conseiller technique réalisation
70. Coordinateur d'écriture (ex script éditeur)
71. Costumier
72. Costumier spécialisé
73. Créateur de costume
74. Créateur de costume spécialisé
75. Décorateur
76. Décorateur peintre
77. Décorateur peintre spécialisé
78. Décorateur spécialisé
79. Décorateur tapissier
80. Décorateur tapissier spécialisé
81. Dessinateur en décor
82. Dessinateur en décor spécialisé
83. Directeur artistique
84. Directeur de collection
85. Directeur de la distribution
86. Directeur de la distribution spécialisé
87. Directeur de post-production
88. Directeur de production
89. Directeur de production spécialisé
90. Directeur de programmation
91. Directeur des dialogues
92. Directeur photo
93. Directeur photo spécialisé
94. Documentaliste
95. Dresseur
96. Éclairagiste
97. Électricien
98. Électricien déco
99. Enquêteur
100. Ensemblier - décorateur
101. Ensemblier - décorateur spécialisé
102. Étalonneur
103. Habilleur
104. Habilleur spécialisé
105. Illustrateur sonore
106. Ingénieur de la vision
107. Ingénieur de la vision adjoint
108. Ingénieur du son
109. Machiniste
110. Machiniste déco
111. Maçon
112. Maquillage et coiffure spéciaux
113. Maquilleur
114. Maquilleur spécialisé
115. Mécanicien
116. Menuisier-traceur
117. Métallier
118. Mixeur
119. Mixeur (directs)
120. Monteur
121. Opérateur de voies
122. Opérateur effets temps réel
123. Opérateur magnétoscope
124. Opérateur magnéto ralenti
125. Opérateur playback
126. Opérateur régie vidéo
127. Opérateur spécial (Steadicamer)
128. Opérateur spécial (Steadicamer) spécialisé
129. Opérateur synthétiseur
130. OPS
131. OPV
132. Peintre
133. Peintre en lettres/en faux bois
134. Perchiste
135. Perchiste spécialisé/1er assistant son spécialisé
136. Photographe de plateau
137. Photographe de plateau spécialisé
138. Pointeur
139. Pointeur spécialisé
140. Producteur artistique
141. Producteur exécutif
142. Programmateur artistique d'émission
143. Prothésiste
144. Réalisateur
145. Recherchiste
146. Régisseur
147. Régisseur adjoint
148. Régisseur adjoint spécialisé
149. Régisseur d'extérieurs
150. Régisseur d'extérieurs spécialisé

LES ORGANISMES

151. Régisseur général
152. Régisseur général spécialisé/
153. Régisseur spécialisé/
Resp. repérages spécialisé
154. Régulateur de stationnement
155. Répétiteur
156. Responsable d'enquête
157. Responsable de recherche
158. Responsable des enfants
159. Responsable repérages
160. Rippeur
161. Scripte
162. Scripte spécialisée
163. Secrétaire de production
164. Secrétaire de production spécialisée
165. Serrurier
166. Staffeur
167. Storyboarder
168. Styliste
169. Superviseur effets spéciaux
170. Tapissier
171. Technicien truquiste
172. Technicien vidéo
173. Toupilleur
174. Truquiste
175. Vidéographiste

FONCTIONS DE LA PRODUCTION CINÉMATOGRAPHIQUE

1. 1er assistant décorateur
2. 1er assistant OPV
3. 1er assistant réalisateur
4. 1er assistant son
5. 2ème assistant décorateur
6. 2ème assistant OPV
7. 2ème assistant réalisateur
8. Accessoiriste
9. Administrateur adjoint comptable
10. Administrateur de production
11. Aide de plateau
12. Animateur d'émission
13. Animatronicien
14. Assistant de post-production
15. Assistant de production
16. Assistant de production adjoint
17. Assistant du son
18. Assistant monteur adjoint
19. Assistant monteur/Monteur adjoint
20. Assistant OPV adjoint
21. Assistant réalisateur
22. Assistant réalisateur adjoint
23. Assistant régisseur adjoint
24. Assistant son adjoint
25. Assistante scripte adjointe
26. Bruiteur
27. Cadreur/Cameraman/OPV
28. Chauffeur de production
29. Chef constructeur
30. Chef costumier
31. Chef de plateau/Régisseur de plateau
32. Chef décorateur
33. Chef éclairagiste/Chef électricien
34. Chef machiniste
35. Chef maquilleur
36. Chef menuisier
37. Chef monteur
38. Chef opérateur du son/ Ingénieur du son
39. Chef peintre
40. Chef sculpteur décorateur
41. Chef staffeur
42. Coiffeur
43. Coiffeur perruquier
44. Collaborateur artistique
45. Comptable de production
46. Conducteur de groupe
47. Conformateur
48. Conseiller artistique/ Conseiller de programme
49. Conseiller technique/Conseiller technique à la réalisation
50. Constructeur
51. Coordinateur d'écriture (script éditeur)
52. Costumier
53. Créateur de costumes/Styliste
54. Décorateur
55. Décorateur exécutant
56. Décorateur peintre/ Dessinateur en décor
57. Décorateur tapissier
58. Directeur artistique
59. Directeur de collection
60. Directeur de dialogues (coach)
61. Directeur de la distribution
62. Directeur de la photo/Chef OPV
63. Directeur de post-production/ Chargé de post-production
64. Directeur de production/ Chargé de production
65. Documentaliste/recherchiste
66. Dresseur
67. Éclairagiste/Electricien
68. Ensemblier/Décorateur ensemblier
69. Étalonneur
70. Habilleur
71. Illustrateur sonore
72. Ingénieur de la vision
73. Ingénieur de la vision adjoint
74. Machiniste
75. Maçon
76. Maquettiste
77. Maquettiste staffeur
78. Maquillage et coiffure spéciaux
79. Maquilleur
80. Maquilleur-posticheur
81. Mécanicien
82. Menuisier
83. Menuisier traceur
84. Métallier
85. Mixeur
86. Monteur
87. Opérateur d'effets en temps réel
88. Opérateur de voies
89. Opérateur du son
90. Opérateur magnétoscope
91. Opérateur magnétoscope ralenti
92. Opérateur playback
93. Opérateur régie vidéo
94. Opérateur spécial (steadicamer ...)
95. Opérateur synthétiseur
96. Peintre/Peintre décorateur
97. Peintre en lettres/faux bois
98. Perchiste
99. Photographe
100. Pointeur
101. Preneur du son/Opérateur du son
102. Producteur artistique
103. Producteur exécutif
104. Prothésiste
105. Réalisateur
106. Régisseur
107. Régisseur adjoint
108. Régisseur d'extérieur
109. Régisseur général
110. Répétiteur
111. Responsable des enfants
112. Responsable des repérages
113. Rippeur
114. Scripte
115. Sculpteur décorateur
116. Secrétaire de production
117. Serrurier
118. Sous-chef éclairagiste/ Sous-chef électricien
119. Sous-chef machiniste
120. Sous-chef menuisier
121. Sous-chef peintre
122. Sous-chef staffeur

LES ORGANISMES

123. Staffeur
124. Storyboarder
125. Superviseur d'effets spéciaux
126. Tapissier/Tapissier décorateur
127. Technicien truquiste
128. Technicien vidéo
129. Toupilleur
130. Truquiste
131. Vidéographiste

FONCTIONS DE L'ÉDITION D'ENREGISTREMENTS SONORES

Production de phonogrammes, production de vidéogrammes musicaux ou d'humour et production de spectacles vivants promotionnels

1. 1er assistant son
2. Animateur
3. Chargé de production
4. Chauffeur de production
5. Coiffeur
6. Chef costumier
7. Décorateur
8. Directeur artistique
9. Directeur de production
10. Disque jockey
11. Graphiste
12. Iconographe
13. Illustrateur
14. Illustrateur sonore
15. Machiniste
16. Maquilleur
17. Mixeur
18. Monteur
19. Musicien copiste/Copiste musical
20. Opérateur programmation
21. Photographe
22. Preneur de son/Opérateur du son
23. Programmateur musical
24. Réalisateur de phonogrammes
25. Réalisateur artistique
26. Rédacteur
27. Régisseur
28. Sonorisateur
29. Styliste
30. Technicien instruments/Technicien backliner
31. Technicien lumière
32. Technicien plateau
33. Technicien son

Production de vidéogrammes musicaux ou d'humour uniquement

1. 1er assistant OPV
2. 1er assistant réalisateur
3. 2ème assistant OPV
4. 2ème assistant réalisateur
5. Accessoiriste
6. Aide au plateau/Assistant de plateau
7. Assistant cadreur/Cameraman/OPV
8. Assistant coiffeur
9. Assistant de la distribution artistique
10. Bruiteur
11. Cadreur/Cameraman/OPV
12. Chef constructeur
13. Chef électricien
14. Chef machiniste
15. Conducteur de groupe/Groupman
16. Dessinateur artistique
17. Directeur dialogues (coach)
18. Directeur de la distribution artistique
19. Directeur de la photo/Chef OPV
20. Directeur de post-production/Chargé de post-production
21. Ensemblier
22. Graphiste vidéo
23. Ingénieur de la vision
24. Monteur truquiste
25. Opérateur magnétoscope
26. Opérateur magnétoscope ralenti
27. Opérateur projectionniste
28. Opérateur prompteur
29. Opérateur régie vidéo
30. Opérateur synthétiseur
31. Présentateur
32. Producteur/Délégué du producteur/producteur artisitique
33. Réalisateur
34. Scripte
35. Sculpteur décorateur
36. Tapissier
37. Technicien vidéo
38. Toupilleur
39. Truquiste

FONCTIONS DES PRESTATIONS TECHNIQUES AU SERVICE DE LA CRÉATION ET DE L'ÉVÉNEMENT

1. LISTE A : Audiovisuelle - Cinéma (NAF 59.11 C, 59.12 Z et 59.20 Z)

Image
1. Technicien de reportage
2. Pointeur AV
3. Cadreur AV
4. Opérateur de prises de vue
5. Chef opérateur de prises de vue AV

Son
1. Assistant son
2. Opérateur du son
3. Opérateur supérieur du son
4. Chef opérateur du son
5. Ingénieur du son
6. Technicien transfert son
7. Opérateur repiquage
8. Opérateur report optique
9. Technicien repiquage
10. Technicien report optique
11. Créateurs d'effets sonores
12. Technicien rénovation son

Plateaux
1. Assistant de plateau AV
2. Riggers
3. Machinistes AV
4. Chef Machiniste AV
5. Electricien prise de vue
6. Electricien pupitreur
7. Poursuiteur
8. Chef poursuiteur AV
9. Blocker
10. Groupiste flux AV
11. Chef électricien prise de vue
12. Chef d'atelier lumière
13. Chef de plateau AV
14. Coiffeur
15. Maquilleur
16. Chef maquilleur
17. Habilleur
18. Costumier
19. Chef costumier

Réalisation
1. Directeur casting
2. 2ème assistant de réalisation AV
3. 1er assistant de réalisation AV
4. Scripte AV

Aide-mémoire Engager des artistes et techniciens du spectacle

LES ORGANISMES

5. Réalisateur AV
Exploitation, régie et maintenance
1. Technicien de maintenance N1
2. Technicien de maintenance N2
3. Ingénieur de maintenance
4. Opérateur synthétiseur
5. Infographiste AV
6. Chef graphiste AV
7. Truquiste AV
8. Opérateur magnétoscope
9. Opérateur "ralenti"
10. Opérateur serveur vidéo
11. Assistant d'exploitation AV
12. Technicien d'exploitation AV
13. Technicien supérieur d'exploitation AV
14. Ingénieur de la vision
15. Chef d'équipement AV
16. Conducteur de moyens mobiles
17. Coordinateur d'antenne
18. Chef d'antenne
Gestion de production
1. Assistant de production AV
2. Assistant d'exploitation en production
3. Chargé de production AV
4. Directeur de production AV
5. Coordinateur de production
6. Administrateur de production
7. Régisseur
Décoration et accessoires
1. Régisseur décors
2. Aide décors
3. Machiniste décors
4. Sculpteur décors
5. Serrurier métallier
6. Tapissier décors
7. Peintre
8. Peintre décors
9. Chef peintre
10. Menuisier décors
11. Chef constructeur décors
12. 2nd assistant décors
13. 1er assistant décors
14. Chef décorateur
15. Chef d'atelier décors
16. Accessoiriste
17. Ensemblier
Post-production, doublage et sous-titrage
1. Technicien authoring
2. Opérateur de PAD/bandes antenne
3. Agent de duplication AV
4. Opérateur de duplication AV
5. Opérateur scanner imageur
6. Opérateur en restauration numérique
7. Technicien restauration numérique
8. Projectionniste AV
9. Releveur de dialogue
10. Repéreur
11. Détecteur
12. Calligraphe
13. Traducteur-adaptateur
14. Traducteur
15. Adaptateur
16. Dactylographe de bande - opérateur de saisie
17. Opérateur de repérage/ simulation
18. Audio descripteur
19. Directeur artistique
20. Monteur sous-titres
21. Monteur synchro
22. Opérateur graveur
23. Responsable artistique
24. Assistant artistique
25. Coordinateur linguistique
26. Assistant coordinateur linguistique
27. Assistant monteur AV
28. Monteur flux
29. Chef monteur flux
30. Monteur truquiste AV
31. Opérateur télécinéma
32. Etalonneur
33. Chef opérateur-étalonneur
34. Bruiteur
35. Bruiteur de complément
36. Assistant de post-production
37. Chargé de post-production
Animation et effets visuels numériques
1. Chef de projet multimédia
2. Responsable technique multimédia
L'ensemble des fonctions de cette filière relève des listes du secteur de la production de films d'animation (cf. § 9 ci-dessous).

LISTE B : Spectacle vivant (NAF 90.02 Z)
Régie générale
1. Régisseur général
2. Directeur technique
3. Directeur logistique
4. Logisticien
5. Assistant directeur technique
6. Assistant logisticien
7. Technicien de scène/plateau
8. Assistant technicien de scène/plateau

Plateau
1. Régisseur/Régisseur de scène/de salle
2. Responsable de chantier
3. Chef Backliner
4. Technicien instrument de musique/Backliner
5. Aide de scène/plateau
6. Road
Son
1. Concepteur son
2. Régisseur son
3. Ingénieur de sonorisation
4. Technicien système
5. Technicien son
6. Sonorisateur
7. Assistant sonorisateur
8. Pupitreur son SV
9. Opérateur son SV
10. Aide son
Lumière
1. Concepteur lumière/ Eclairagiste
2. Régisseur lumière
3. Technicien lumière
4. Pupitreur lumière SV
5. Assistant lumière
6. Poursuiteur
7. Aide lumière
Structure - machinerie
1. Ingénieur structure
2. Assistant ingénieur structure
3. Régisseur structure
4. Chef rigger
5. Chef machiniste de scène
6. Chef monteur de structure
7. Chef technicien de maintenance en tournée/festival
8. Technicien de structure/ constructeur
9. Rigger/Accrocheur
10. Machiniste de scène
11. Technicien de maintenance en tournée/festival
12. Assistant machiniste scène/ Assistant rigger
13. Technicien de structure
14. Echafaudagiste/Scaffoldeur
15. Monteur de structures
Vidéo/image
1. Réalisateur de SV
2. Chargé de production SV
3. Infographiste audiovisuel
4. Programmeur/Encodeur multimédia
5. Technicien écran plein jour
6. Pupitreur images monumentales
7. Technicien vidéoprojection

LES ORGANISMES

8. Technicien de la vision SV
9. Scripte de SV
10. Assistant écran plein jour
11. Technicien images monumentales
12. Opérateur de caméra
13. Assistant vidéo SV
14. Opérateur magnéto SV

Pyrotechnie
1. Concepteur de pyrotechnie
2. Chef de tir
3. Technicien de pyrotechnie K4
4. Artificier

Electricité
1. Chef électricien
2. Electricien
3. Blockeur
4. Mécanicien groupman
5. Assistant électricien

Décors - accessoires
1. Chef décorateur
2. Concepteur technique machinerie/décor
3. Assistant Chef-décorateur
4. Chef constructeur de décor/Machinerie
5. Chef menuisier de décors
6. Chef peintre décorateur
7. Chef serrurier/Serrurier métallier de théâtre
8. Chef sculpteur de théâtre
9. Chef tapissier de théâtre
10. Chef staffeur de théâtre (mouleur/matériaux de synthèse)
11. Constructeur de machinerie/de décors
12. Menuisier de décors
13. Peintre décorateur
14. Peintre patineur
15. Serrurier/serrurier métallier de théâtre
16. Sculpteur de théâtre
17. Tapissier de théâtre
18. Staffeur de théâtre
19. Assistant constructeur de machinerie/décors
20. Assistant menuisier de décors
21. Assistant peintre décorateur
22. Assistant serrurier/métallier de théâtre
23. Assistant tapissier de théâtre
24. Assistant staffeur de théâtre
25. Aide décors

Costume/accessoire/maquillage/coiffure
1. Concepteur de costume/Costumier
2. Réalisateur de costume
3. Chef tailleur couturier
4. Chef teinturier
5. Chef coloriste
6. Chef chapelier
7. Chef réalisateur masques
8. Chef maquilleur
9. Chef accessoiriste
10. Chef modiste
11. Couturier/Tailleur couturier
12. Coiffeur/Posticheur
13. Maquilleur/Maquilleur effets spéciaux
14. Accessoiriste
15. Modiste
16. Assistant réalisateur de costume
17. Assistant couturier/Assistant couturier tailleur
18. Assistant teinturier
19. Assistant coloriste
20. Assistant chapelier
21. Assistant coiffeur
22. Assistant maquilleur
23. Assistant accessoiriste
24. Assistant modiste
25. Aide costumière

FONCTIONS DE LA RADIODIFFUSION
1. Adjoint au producteur
2. Animateur
3. Animateur technicien réalisateur
4. Assistant technicien réalisateur
5. Collaborateur spécialisé d'émission
6. Conseiller de programme
7. Intervenant spécialisé
8. Lecteur de texte
9. Musicien copiste radio
10. Présentateur
11. Producteur coordinateur délégué
12. Producteur délégué d'émission radio
13. Réalisateur radio
14. Technicien d'exploitation
15. Technicien réalisateur
16. Traducteur

FONCTIONS DU SPECTACLE VIVANT PRIVÉ ET DU SPECTACLE VIVANT SUBVENTIONNÉ
1. Accessoiriste
2. Administrateur de production
3. Administrateur de tournée
4. Architecte décorateur
5. Armurier
6. Artificier/Technicien de pyrotechnie
7. Attaché de production/Chargé de production
8. Bottier
9. Chapelier/Modiste de spectacles
10. Cintrier
11. Coiffeur/Posticheur
12. Collaborateur artistique du metteur en scène/du chorégraphe/du directeur musical
13. Concepteur des éclairages/Eclairagiste
14. Concepteur du son/Ingénieur du son
15. Conseiller technique
16. Costumier
17. Décorateur
18. Directeur de production
19. Directeur technique
20. Dramaturge
21. Electricien
22. Ensemblier de spectacle
23. Habilleur
24. Lingère/Repasseuse/Retoucheuse
25. Machiniste/Constructeur de décors et structures
26. Maquilleur
27. Menuisier de décors
28. Metteur en piste (cirques)
29. Monteur son
30. Opérateur lumière/Pupitreur/technicien CAO-PAO
31. Opérateur son/Preneur de son
32. Peintre de décors
33. Peintre décorateur
34. Perruquier
35. Plumassier de spectacles
36. Poursuiteur
37. Prompteur
38. Réalisateur coiffure, perruques
39. Réalisateur costumes
40. Réalisateur lumière
41. Réalisateur maquillages, masque
42. Réalisateur son

LES ORGANISMES

43. Régisseur/Régisseur de production
44. Régisseur d'orchestre
45. Régisseur de salle et de site (dans le cadre d'un festival exclusivement)
46. Régisseur de scène/Régisseur d'équipement scénique
47. Régisseur général
48. Régisseur lumière
49. Régisseur plateau son (retours)
50. Régisseur son
51. Répétiteur/Souffleur
52. Rigger (accrocheur)
53. Scénographe
54. Sculpteur de théâtre
55. Serrurier/Serrurier métallier de théâtre
56. Staffeur
57. Tailleur/Couturier
58. Tapissier de théâtre
59. Technicien console
60. Technicien de maintenance (dans le cadre d'une tournée et d'un festival exclusivement)
61. Technicien de plateau
62. Technicien effets spéciaux
63. Technicien instruments de musique (backline)
64. Technicien lumière
65. Technicien son/Technicien HF
66. Technicien de sécurité
(cirques)
67. Technicien groupe électrogène (groupman)
68. Teinturier coloriste de spectacles

Audiovisuel dans les spectacles mixtes et/ou captations à but non commercial
69. Cadreur
70. Chef opérateur
71. Monteur
72. Opérateur image/Pupitreur
73. Opérateur vidéo
74. Projectionniste
75. Régisseur audiovisuel
76. Technicien vidéo

FONCTIONS DE TÉLÉDIFFUSION

Conception/programme
1. Adjoint au producteur artistique
2. Collaborateur littéraire
3. Conseiller de programme
4. Coordinateur d'écriture
5. Directeur de la distribution artistique/ Resp. casting
6. Documentaliste
7. Lecteur de textes
8. Producteur artistique
9. Programmateur musical

Antenne directe
10. Animateur
11. Présentateur
12. Annonceur
13. Opérateur prompteur

Production
14. Assistant de production
15. Collaborateur spécialisé d'émission
16. Chauffeur de production
17. Chef de production
18. Chargé de production
19. Chargé d'encadrement de production
20. Directeur de production
21. Intervenant spécialisé
22. Intervenant d'émission
23. Téléphoniste d'émission
24. Technicien de reportage

Régie
25. Régisseur/Régisseur d'extérieur
26. Régisseur adjoint
27. Régisseur général

Réalisation
28. Réalisateur
29. 1er assistant réalisateur
30. Assistant réalisateur
31. 2ème assistant réalisateur
32. Scripte

Fabrication Plateau (studio ou extérieur)
33. Aide de plateau
34. Chef de plateau
35. Chef éclairagiste/Chef électricien
36. Conducteur de groupe
37. Eclairagiste/Electricien
38. Assistant lumière

Fabrication Peinture
39. Peintre
40. Peintre décorateur
41. Décorateur peintre

Fabrication Tapisserie
42. Tapissier
43. Tapissier décorateur
44. Décorateur tapissier

Fabrication Construction décors
45. Accessoiriste
46. Chef machiniste
47. Constructeur en décors
48. Machiniste
49. Menuisier traceur
50. Menuisier

Image (dont vidéo)
51. Assistant OPV
52. OPV
53. Chef OPV/Chef caméraman
54. Directeur de la photo
55. Ingénieur de la vision
56. Opérateur ralenti
57. Photographe
58. Technicien vidéo
59. Truquiste

Son
60. Assistant à la prise de son
61. Bruiteur
62. Chef opérateur du son/ Ingénieur du son
63. Illustrateur sonore
64. Mixeur
65. Preneur de son/Opérateur du son

Maquillage
66. Chef maquilleur/Chef maquilleur posticheur
67. Maquilleur/Maquilleur posticheur

Coiffure
68. Chef coiffeur perruquier
69. Coiffeur/Coiffeur perruquier

Costume
70. Chef costumier
71. Costumier
72. Créateur de costume/styliste
73. Habilleur

Décoration
74. Assistant décorateur
75. Chef décorateur
76. Décorateur/Décorateur ensemblier
77. Dessinateur en décor

Montage/post-production
78. Chef monteur
79. Monteur
80. Chef monteur truquiste
81. Opérateur synthétiseur

Graphisme
82. Graphiste/Infographiste/ Vidéographiste
83. Dessinateur d'animation/ Dessinateur en générique

Autres fonctions
84. Traducteur interprète
85. Dessinateur artistique
86. Chroniqueur
87. Chef de file
88. Doublure lumière

Aide-mémoire Engager des artistes et techniciens du spectacle

LES ORGANISMES

FONCTIONS DE PRODUCTION DE FILMS D'ANIMATION

Réalisation
1. Réalisateur
2. Directeur artistique
3. Directeur d'écriture
4. Chef storyboarder
5. Storyboarder
6. 1er assistant réalisateur
7. Scripte
8. 2ème assistant réalisateur
9. Coordinateur d'écriture
10. Assistant directeur artistique
11. Assistant storyboarder

Conception
12. Directeur de modélisation
13. Chef dessinateur d'animation
14. Superviseur de modélisation
15. Chef modèles couleur
16. Dessinateur d'animation
17. Infographiste de modélisation
18. Coloriste modèle
19. Assistant dessinateur d'animation
20. Assistant infographiste de modélisation
21. Opérateur digitalisation

Lay-out
22. Directeur lay-out
23. Chef feuille d'exposition
24. Chef cadreur d'animation
25. Chef lay-out
26. Cadreur d'animation
27. Animateur feuille d'exposition
28. Dessinateur lay-out
29. Infographiste lay-out
30. Détecteur d'animation
31. Assistant dessinateur lay-out
32. Assistant infographiste lay-out

Animation
33. Directeur animation
34. Chef animateur
35. Chef infographiste 2 D
36. Chef assistant
37. Animateur
38. Figurant mocap
39. Infographiste 2 D
40. Assistant animateur
41. Opérateur capture de mouvement
42. Opérateur retouche temps réel
43. Intervalliste
44. Assistant infographiste 2 D

Décors, rendu et éclairage
45. Directeur décor
46. Directeur rendu et éclairage
47. Chef décorateur
48. Superviseur rendu et éclairage
49. Décorateur
50. Infographiste rendu et éclairage
51. Matt painter
52. Assistant décorateur
53. Assistant infographiste rendu et éclairage

Traçage, scan et colorisation
54. Chef vérificateur d'animation
55. Chef trace-colorisation
56. Vérificateur d'animation
57. Vérificateur trace-colorisation
58. Responsable scan
59. Traceur
60. Gouacheur
61. Opérateur scan

Compositing
62. Directeur compositing
63. Chef compositing
64. Opérateur compositing
65. Assistant opérateur compositing

Volume
66. Chef animateur volume
67. Chef décorateur volume
68. Chef opérateur volume
69. Chef plasticien volume
70. Chef accessoiriste volume
71. Chef moulage
72. Animateur volume
73. Décorateur volume
74. Opérateur volume
75. Plasticien volume
76. Accessoiriste volume
77. Technicien effets spéciaux volume
78. Mouleur volume
79. Assistant animateur volume
80. Assistant décorateur volume
81. Assistant opérateur volume
82. Assistant plasticien volume
83. Assistant accessoiriste volume
84. Assistant moulage
85. Mécanicien volume

Effets visuels numériques
86. Directeur des effets visuels numériques
87. Superviseur des effets visuels numériques
88. Infographiste des effets visuels numériques
89. Assistant infographiste des effets visuels numériques

Post-production
90. Directeur technique de post-production
91. Chef monteur
92. Chef étalonneur numérique
93. Responsable technique de post-production
94. Bruiteur
95. Monteur
96. Etalonneur numérique
97. Assistant monteur
98. Assistant étalonneur numérique

Exploitation, maintenance et transfert de données
99. Responsable d'exploitation
100. Administrateur système et réseau
101. Superviseur transfert de données
102. Superviseur de calcul
103. Technicien système et réseau
104. Infographiste scripteur
105. Technicien de maintenance
106. Opérateur transferts de données
107. Gestionnaire de calculs
108. Assistant opérateur transferts de données

Production
109. Directeur de production
110. Directeur technique de production
111. Superviseur
112. Administrateur de production
113. Chargé de production
114. Comptable de production
115. Coordinateur de production
116. Assistant de production

LES ORGANISMES

Le numéro d'objet

Les annexes 8 et 10 prévoient qu'un numéro d'objet est attribué à l'employeur pour toute nouvelle activité (nouvelle production, nouveau spectacle…) relevant de ces annexes.
Ce numéro doit être obligatoirement porté par l'employeur sur l'Attestation d'employeur mensuelle (AEM).
Il appartient donc à l'employeur, préalablement au démarrage d'un spectacle et à l'embauche des salariés intermittents, de demander un numéro d'objet auprès du CNCS (Centre National Cinéma Spectacle).
Tout employeur, quel que soit son statut juridique, qui engage des intermittents du spectacle dans le cadre d'une nouvelle production ou d'un nouveau spectacle est concerné par le numéro d'objet, qu'il peut obtenir notamment sur le site www.pole-emploi.fr.
Pour les employeurs recourant au Guichet unique (Guso), le numéro d'objet n'est pas encore obligatoire.
Lorsqu'il dispose d'un numéro d'objet, l'employeur doit obligatoirement, sous peine de pénalités, le reporter sur ses Attestations d'employeur mensuelles (AEM) et sur les bulletins de paie. «*Dans la mesure du possible*», le numéro doit également être mentionné sur les contrats de travail des artistes et techniciens concernés par l'activité.

Structure du numéro d'objet :

Année d'attribution	Convention collective	Type de spectacle	6 numéros ayant un caractère séquentiel	Modulo

Les cotisations

Les cotisations au Pôle emploi sont calculées sur l'ensemble des rémunérations entrant dans l'assiette des cotisations de sécurité sociale (après une éventuelle déduction forfaitaire pour frais professionnels), dans la limite de 4 fois le plafond de la sécurité sociale.

 Dans quels cas les cotisations Pôle emploi ne sont-elles pas dues ?

Ne sont pas soumises aux cotisations dues à Pôle emploi les rémunérations des enfants de moins de 16 ans, des salariés âgés de 65 ans et plus, et les rémunérations dépassant, employeur par employeur, quatre fois le plafond de la sécurité sociale.
En revanche, les cotisations Pôle emploi sont dues pour les fonctionnaires.

LES ORGANISMES

Elles se composent de deux éléments :

- la cotisation d'Assurance chômage destinée au financement des prestations de chômage versées par Pôle emploi ;
- la cotisation d'AGS servant à financer le Fonds national de garantie des salaires (FNGS).

Un taux spécifique de cotisations à Pôle emploi est appliqué aux rémunérations des intermittents du spectacle, qu'ils soient artistes ou techniciens. S'agissant des employeurs du secteur public, le taux global de cotisations est différent. En effet, les employeurs du secteur public ne sont pas redevables des cotisations au FNGS.

Cotisations Pôle emploi – *Intermittents du spectacle* *Taux au 1/5/2009*

Cotisations	Assiette	Salarié %	Employeur %	Total
À VERSER À PÔLE EMPLOI					
Assurance chômage	Tranches AB après abattement	3,80	7,00	10,80
AGS (FNGS)	Tranche A après abattement	-	0,20	0,20

Le paiement des cotisations

Les contributions au Centre National Cinéma Spectacle d'Annecy sont exigibles au plus tard le 15 du mois suivant celui au cours duquel les rémunérations sont versées.

Cachets groupés et cachets isolés

Les périodes de travail sont prises en compte par Pôle emploi à raison de 8 heures par cachet lorsque ces cachets couvrent une période d'emploi d'au moins cinq jours chez le même employeur (cachets «groupés»).

Les cachets sont dits «isolés» et équivalent à 12 heures lorsqu'ils ne couvrent pas une période d'emploi d'au moins cinq jours.

Attention : un technicien du spectacle ne peut jamais être engagé sous la forme de cachets, mais uniquement en heures. Par ailleurs, les déclarations des réalisateurs rémunérés au forfait se feront en cachets.

LES ORGANISMES

L'attestation d'employeur mensuelle (AEM)

Depuis 2004, l'Attestation d'employeur mensuelle (AEM) a remplacé l'ancien carnet que détenaient les intermittent du spectacle. La dernière version de l'AEM est entrée en vigueur le 1er janvier 2008, avec une période de transition jusqu'au 1er avril 2008. Il s'agit de l'AEM 4. Les modifications ont porté sur la suppression de l'adresse employeur, l'apparition du numéro d'objet (lire page précédente), la mention distincte des cachets isolés et des cachets groupés, la distinction de la rémunération en salaire principal et autres rémunérations et la réapparition de la catégorie «Réalisateur».

L'obligation d'établir une AEM incombe à tous les employeurs ayant occupé des salariés engagés sous contrat à durée déterminée, relevant des annexes 8 et 10 au règlement de l'Assurance chômage, autrement dit à tous les employeurs ayant embauché des intermittents du spectacle (pour le Guso, on se reportera page 77).

L'attestation mensuelle est mise à la disposition de l'employeur par plusieurs moyens :
- sur support papier, adressé à l'employeur à sa demande et pré-identifié à ses coordonnées ;
- par agrément d'une attestation mensuelle automatisée transmise par l'employeur par voie postale (papier) ou par voie dématérialisée EDI (Échange de données informatisé) ;
- par téléphone ;
- par internet, via le site www.pole-emploi.fr.

L'attestation porte toujours un numéro pré-attribué. En conséquence, l'employeur n'est pas autorisé à photocopier des feuillets vierges numérotés.

Le non envoi de l'AEM entraîne l'application d'une majoration de retard calculée sur la base du montant des contributions afférentes à cette attestation, à raison de 10% pour les trois premiers mois de retard, calculés de date à date, et 2% par trimestre de retard, à compter du terme de cette période de trois mois.

Attention à remplir avec soin vos AEM. Parmi les erreurs les plus fréquemment constatées : le numéro d'agrément erroné, pas d'incrémentation du numéro d'ordre (toutes les AEM ont le même numéro pour des prestations différentes), le compteur des AEM remis à zéro (émission d'AEM avec des numéros déjà utilisés), utilisation d'un numéro d'AEM déjà existant pour modifier les données contenues d'une AEM déjà émise.

LES ORGANISMES

Le Pôle emploi spectacle

Pôle emploi, issu de la fusion entre l'ANPE et les Assédic, est chargé :
- d'accompagner les demandeurs d'emploi dans leur recherche ;
- de mobiliser tous les moyens nécessaires pour leur retour à l'emploi (formation, aides à la mobilité, prestations, mesures…) ;
- de conseiller les employeurs dans leurs recrutements ;
- d'assurer le versement d'une allocation lorsque les demandeurs d'emploi ont des droits à l'Assurance chômage ;
- de recouvrer les contributions des entreprises et des salariés.

Ses services sont gratuits.

Pôle emploi dispose de services spécifiques pour les professionnels de l'audiovisuel et du spectacle : théâtre, musique, danse, cinéma, télévision, cirque, cabaret. Ces services spécifiques sont proposés dans les sites Pôle emploi spectacle spécialisés en Île-de-France et dans certaines égions. Le «réseau» Pôle emploi spectacle a remplacé le réseau ANPE Culture Spectacle.

Les services du site www.pole-emploi-spectacle.fr

Une grande partie des services est accessible en ligne sur ce site :
- l'inscription, les offres d'emploi, la gestion de compte, les book en ligne… ;
- des conseils pratiques sur la recherche d'emploi et des informations réglementaires pour l'indemnisation et le recouvrement ;
- un accès direct au site du Guso pour faciliter les démarches des employeurs du spectacle vivant ;
- des actualités illustrées par des visuels, des objets multimédia ou des vidéos : actualité, dossier, magazine en ligne… ;
- la liste des sites utiles sur le spectacle classés par thèmes.

Les services pour les employeurs

Pôle emploi Spectacle peut intervenir à tous les niveaux du processus de recrutement, du diagnostic des besoins à la présélection des candidats, voire l'intégration en entreprise.

Selon les implantations, Pôle emploi Spectacle peut également mettre à la disposition des employeurs des salles pour l'organisation d'auditions, de castings ou de sessions de recrutement.

LES ORGANISMES

Pôle emploi Spectacle met en œuvre les aides et mesures pour l'emploi : aides à la création d'entreprise, contrats aidés, contrats en alternance, action de formation préalable au recrutement, etc.

Concernant la recherche de candidats, Pôle emploi Spectacle dispose d'une banque de profils recensant les artistes et les techniciens de l'audiovisuel et du spectacle. Ce fichier est consultable sur le site Internet spécialisé www.pole-emploi-spectacle.fr

Pour effectuer des recherches sur ce site Internet et consulter les dossiers des candidats, l'employeur doit déposer une offre d'emploi et obtenir une habilitation.

Deux types de recherches de candidats sont possibles :

- par métier : artistes dramatiques, artistes musiciens, professionnel du son…
- par tri multicritères pour la figuration et les mannequins : taille, couleur des cheveux, des yeux…

Les services pour les personnes en recherche d'emploi

La mission confiée au nouvel opérateur est :

- d'accueillir les demandeurs d'emploi, mais également les personnes en activité souhaitant évoluer dans leur parcours professionnel (conseils, information, entretiens) ;
- indemniser (traitement et suivi des dossiers d'indemnisation, versement des allocations) ;
- orienter (conseils et informations sur les métiers, le marché de l'emploi, la formation, etc.) ;
- accompagner vers l'emploi les demandeurs d'emploi (entretiens personnalisés, informations, organisation de rencontres professionnelles, d'ateliers, proposition d'offres d'emploi, etc.).

Les services ciblés de Pôle emploi spectacle en matière d'accompagnement professionnel sont les suivants :

- une documentation professionnelle en accès libre (ouvrages spécialisés, revues) ;
- des propositions d'offres d'emploi ciblées, diffusées ou non sur pole-emploi.fr ;
- des ateliers spécialisés, comme «Utiliser internet dans sa recherche d'emploi», «Travailler son réseau», «Comment créer son activité», «Casting»…) ;
- l'organisation de rencontres professionnelles et thématiques ;
- des entretiens et conseils, sur ou sans rendez-vous : bilan, élargissement des cibles, réorientation, formation professionnelle, VAE.

LES ORGANISMES

AUDIENS

Tous les salariés relevant du régime général de sécurité sociale (ce qui est notamment le cas pour les intermittents du spectacle) doivent être affiliés à une caisse de retraite complémentaire, en vertu de la loi du 29 décembre 1972. Concernant les employeurs du spectacle vivant, du cinéma et de l'audiovisuel, les régimes de retraite complémentaire sont gérés par Audiens.

Destinés à compléter les prestations du régime général, les régimes complémentaires obligatoires se groupent, pour l'essentiel, en deux catégories :

• L'ensemble des salariés (y compris les cadres) relèvent de nombreux régimes regroupés au sein de l'ARRCO (Association des régimes de retraite complémentaire). Au sein d'Audiens, ce régime de retraite complémentaire est géré par l'IRPS (Institution de retraite de la presse et du spectacle), qui a remplacé la CAPRICAS.

• Les cadres participent au régime de retraite et de prévoyance placé sous le contrôle de l'AGIRC (Association générale des institutions de retraite des cadres). Au sein d'Audiens, ce régime de retraite complémentaire est géré par l'IRCPS, qui a remplacé la CARCICAS, et par Audiens Prévoyance en ce qui concerne la prévoyance.

Les secteurs professionnels entrant dans le champ d'intervention d'Audiens sont les suivants : les théâtres et assimilés (théâtres privés de Paris et de province, théâtres municipaux, compagnies théâtrales, cafés-théâtres, cafés-musiques...), les spectacles divers (entrepreneurs de spectacles, casinos, cabarets, festivals, orchestres, concerts, danse, bals, dancings, discothèques, comités des fêtes, parcs de loisirs, centres culturels, agents artistiques, mannequins...), production audiovisuelle (production de longs métrages, courts métrages, films pour la télévision, dessins animés, institutionnels, publicitaires, fictions, documentaires...), radios et télévisions privées et publiques, entreprises d'exploitation et de distribution de films cinématographiques (gestion de salles de cinéma), industries techniques image et son (laboratoires cinématographiques, vidéo, communication, doublage, montage, studios d'enregistrement et auditauria, édition et production cinématographique...).

Les employeurs concernés

Tout employeur, quel que soit son statut juridique, professionnel ou non professionnel, faisant appel, régulièrement ou occasionnellement, à des personnels intermittents du spectacle (personnels artistiques, techniques et administratifs) doit obligatoirement être affilié à Audiens. En d'autres termes, tout employeur d'intermittents du spectacle, quelle que soit son activité, est tenu de verser ses cotisations de retraite complémentaire à Audiens pour cette catégorie de salariés.

LES ORGANISMES

Secteurs professionnels devant adhérer obligatoirement à Audiens en retraite complémentaire

		SPECTACLE	
Ancien NAF	**Activité concernée**	**Nouveau NAF**	**Activité concernée**
923A	Activités artistiques	9001Z	Arts du spectacle vivant
		9003A	Création artistique relevant des arts plastiques
		9003B	Autre création artistique
923B	Services annexes aux spectacles	9002Z	Activités de soutien au spectacle vivant
923D	Gestion de salles de spectacle	9004Z	Gestion de salles de spectacle
		7990Z	Autres services de réservation et activités liées, y compris l'activité de billetterie
923K	Activités diverses du spectacle	9329Z	Autres activités récréatives et de loisirs
		9001Z	Arts du spectacle vivant
		8552Z	Enseignement culturel
		7990Z	Autres services de réservation et activités liées
554C	Discothèques	9329Z	Autres activités récréatives et de loisirs, y compris les discothèques lorsque le débit de boissons n'est pas majoritaire

		PRESSE [1]	
Ancien NAF	**Activité concernée**	**Nouveau NAF**	**Activité concernée**
221C	Editions de journaux	5813Z	Editions de journaux
221E	Editions de revues et périodiques	5814Z	Editions de revues et périodiques
222A	Imprimerie de journaux	1811Z	Imprimerie de journaux
748G	Routage	8219Z	Routage
924Z	Agences de presse	6391Z	Activités des agences de presse
		7420Z	Activités photographiques
		9003B	Autre création artistique

(1) Donné ici à titre d'information (ne concerne pas les intermittents du spectacle).

LES ORGANISMES

Secteurs professionnels devant adhérer obligatoirement à Audiens en retraite complémentaire

	AUDIOVISUEL		
Ancien NAF	Activité concernée	Nouveau NAF	Activité concernée
223C	Reproduction d'enregistrements vidéos	1820Z	Reproduction d'enregistrements
921A	Production de films pour la télévision	5911A	Production de films et de programmes pour la télévision
922B	Production de programmes pour la télévision	5911A	Production de films et de programmes pour la télévision
921B	Production de films institutionnels et publicitaires	5911B	Production de films institutionnels et publicitaires
921C	Production de films pour le cinéma	5911C	Production de films pour le cinéma
921D	Prestations techniques pour le cinéma et la télévision	5911C	Production de films pour le cinéma
		5912Z	Post-production de films cinématographiques de vidéos et télévision
		5920Z	Enregistrement sonore et édition musicale
921F	Distribution de films cinématographiques	5913A	Distribution de films cinématographiques
921J	Projection de films cinématographiques	5914Z	Projection de films cinématographiques
922A	Activités de radio	6010Z	Radiodiffusion
		5920Z	Enregistrement sonore et édition musicale
922D	Editions de chaînes généralistes	6020A	Editions de chaînes généralistes
922E	Editions de chaînes thématiques	6020B	Editions de chaînes thématiques
922F	Distribution de bouquets de programmes de radio et de télévision	6110Z	Distribution de bouquets télécommunications filaires
		6130Z	Distribution de bouquets de programmes télécommunications par satellite

54 Aide-mémoire Engager des artistes et techniciens du spectacle

LES ORGANISMES

Audiens considère comme employeur d'intermittents du spectacle toute personne physique ou morale qui fait appel à des artistes du spectacle et à tout autre personnel relevant de l'IRPS et leur assure une rémunération, quels que soient la forme et le montant de celle-ci et quelle que soit la qualification donnée au contrat. Il n'en est autrement que si l'artiste, ou le chef d'orchestre, exerce son activité dans des conditions qui impliquent son inscription au Registre du commerce et des sociétés.

Pour les organisateurs non professionnels de spectacles vivants

Les obligations de l'employeur vis-à-vis d'Audiens sont remplies par l'intermédiaire du Guso. On se reportera à la page 77 du présent ouvrage.

Les salariés concernés

Ne seront étudiés ici que les intermittents du spectacle. Des «critères d'intermittence» ont été définis au niveau des régimes de retraite, en application des délibérations 11B pour le régime ARRCO et D23 pour le régime AGIRC. Ces critères sont indépendants de ceux retenus par l'Unedic en ce qui concerne l'Assurance chômage.

Ainsi, sont considérés par Audiens comme intermittents du spectacle les salariés artistes ou musiciens, non titulaires d'un contrat d'exclusivité égal ou supérieur à 12 mois consécutifs, et les salariés techniciens des professions du spectacle et de l'audiovisuel non titulaires d'un contrat égal ou supérieur à 12 mois consécutifs.

Les cotisations de retraite complémentaire dues pour les salariés rémunérés dans ces conditions doivent obligatoirement être versées à Audiens, par tout employeur, relevant ou non des professions du spectacle et de l'audiovisuel.

Liste des fonctions artistiques non-cadres relevant du régime de retraite complémentaire IRPS (liste non exhaustive)

TOUTES BRANCHES D'ACTIVITÉ
- acteur ou comédien ;
- acteurs de complément ;
- animateur artistique ;
- arrangeur orchestrateur ;
- assistant d'attraction ;
- artiste chorégraphique ;
- artiste de cirque ;
- artiste dramatique ;
- artiste lyrique ;
- artiste de variétés ;
- artiste visuel (music-hall ou cabaret) ;
- boxeur professionnel ;
- bruiteur ;
- cascadeur ;
- catcheur ;
- chansonnier ;
- chanteur-diseur ;
- chef de chant ;
- chef d'orchestre (1) ;
- chorégraphe ;
- choriste ;
- danseur ballet ou groupe ;
- danseur soliste ;
- doublure lumière ;
- figurant ;
- garçon d'orchestre ;
- marionnettiste ;

LES ORGANISMES

- musicien ;
- musicien copiste ;
- musicien de fanfare de scène ;
- présentateur ;
- soliste ;
- souffleur ;
- strip-teaseuse ;
- synthétiseur ;
- toréador, etc.

BRANCHE RADIO ET TÉLÉVISION

- animateur ;
- bruiteur ;
- commentateur ;
- metteur en ondes ;
- présentateur ;
- programmateur ;
- speaker, etc.

(1) Est considéré cadre le chef d'orchestre ou chef d'orchestre adjoint appelé à diriger un orchestre placé sous son autorité technique et artistique, qui assure l'entière responsabilité de l'exécution et de l'interprétation musicale des œuvres symphoniques, lyriques ou chorégraphiques confiées à sa direction.

Les cotisations de retraite complémentaire

Les cotisations de retraite complémentaire sont calculées sur les éléments de rémunération entrant dans l'assiette des cotisations de sécurité sociale. L'assiette s'entend après éventuelle déduction forfaitaire spécifique pour frais professionnels (se reporter à la page 30).

Les primes, gratifications et commissions et les rappels d'appointements doivent être inclus par l'employeur dans l'assiette des cotisations.

Pour les intermittents du spectacle non-cadres, ces rémunérations sont limitées, d'une part, au plafond de la sécurité sociale annuel, quelle que soit la durée d'emploi, dite tranche 1, et, d'autre part, à la fraction de salaire comprise entre le plafond de la sécurité sociale annuel et limitée à trois fois ce plafond, dite tranche 2.

Les cotisations du régime de retraite complémentaire des intermittents du spectacle cadres sont assises, pour l'ARRCO, sur la tranche 1, calculée au *prorata temporis*, et au titre de l'AGIRC sur les tranches B et C, toujours après déduction forfaitaire spécifique pour frais professionnels. En d'autres termes, les cotisations du régime de retraite des cadres sont assises sur un «salaire différentiel» correspondant à la partie comprise entre le plafond de la sécurité sociale et huit fois ce plafond.

Les taux de cotisations de retraite complémentaire sont variables selon le secteur d'activité et selon la convention collective applicable.

Les cas particuliers

Il existe des situations particulières dont les principales sont exposées ci-après (pour les artistes étrangers, lire page 60).

- Salariés de plus de 65 ans non retraités : les cotisations salariales et patronales de retraite complémentaire sont normalement dues à Audiens.
- Salariés relevant principalement d'un régime spécial de sécurité sociale : seule la cotisation patronale de retraite complémentaire est due à Audiens.

LES ORGANISMES

- Retraités des régimes relevant de l'ARRCO, quel que soit leur âge, reprenant une activité : seule la cotisation patronale de retraite complémentaire est due.

- Salariés bénéficiant de la retraite progressive (loi du 5 janvier 1988) : les cotisations salariale et patronale de retraite complémentaire sont normalement dues.

- Créateurs d'entreprise : depuis le 5 avril 1994, les demandeurs d'emploi qui créent ou reprennent une entreprise ont droit au maintien, pendant 12 mois, de leur couverture sociale du régime général de sécurité sociale.

En ce qui concerne les régimes de retraite complémentaire et de prévoyance, leur situation se présente comme suit :

- les non-salariés ont la possibilité de verser une somme leur permettant d'acquérir des points qui leur auraient été attribués s'ils avaient été indemnisés par Pôle emploi et ce, pendant 12 mois ;
- les salariés doivent régler normalement les cotisations ARRCO, sur leur salaire réel, et, concernant les cotisations AGIRC, soit verser normalement les cotisations, soit renoncer à ce paiement et, dans ce cas, régler une somme leur permettant d'acquérir des points qui leur auraient été attribués s'ils avaient été indemnisés par Pôle emploi et ce, pendant 12 mois.

S'agissant de la prévoyance, les cotisations sont exigibles normalement.

- Fonctionnaires : lorsque la personne exerce simultanément une activité accessoire dans des entreprises de droit privé tout en conservant son statut de fonctionnaire titulaire, seule la cotisation patronale doit être versée à Audiens.

Les fonctionnaires en position de détachement ou mis à la disposition continuent de relever de leur régime statutaire d'origine. Dans ce cas, aucune cotisation salariale ou patronale de retraite complémentaire n'est due, même si une rémunération est versée par l'employeur privé.

En revanche, si l'employeur verse une rémunération et qu'il est adhérent d'un régime de prévoyance, la cotisation de prévoyance doit être, à ce titre, versée normalement et ce, quelle que soit la situation du fonctionnaire.

À noter que les salariés non titularisés bénéficiant du régime général de sécurité sociale et qui relèvent de l'IRCANTEC ne sont pas considérés comme des fonctionnaires. En conséquence, ils ne sont pas concernés par les dispositions venant d'être évoquées.

La garantie minimale de points (GMP)

La GMP concerne les salariés cadres dont la rémunération est inférieure à un salaire «charnière». Elle a pour objet de leur permettre d'acquérir un minimum de points de retraite. La garantie minimale de points des salariés permanents (et intermittents qui travaillent moins de 12 mois au cours de l'année civile) est calculée en fonction de la durée du travail. La régularisation de cette cotisation GMP intervient lors du calcul du solde annuel avec les déclarations nominatives annuelles adressées par l'employeur.

LES ORGANISMES

Le paiement des cotisations

La périodicité de paiement des cotisations à Audiens est trimestrielle (les 15 janvier, 15 avril, 15 juillet et 15 octobre). Elle peut être mensuelle (le 15 de chaque mois) pour les entreprises dont l'effectif et la masse salariale sont importants.

Pour les productions de films de long métrage et de séries télévisées, le règlement doit être adressé avant la fin du mois suivant le paiement des salaires.

Les autres cotisations à verser à Audiens

• **L'AGFF.** Les employeurs et les salariés relevant des régimes de retraite complémentaire AGIRC et ARRCO sont également redevables d'une cotisation AGFF (Association pour la gestion du fonds de financement de l'AGIRC et de l'ARRCO) pour le financement de la retraite à 60 ans. Les cotisations sont encaissées par les institutions AGIRC et ARRCO dans les mêmes conditions que les cotisations de retraite complémentaire.

• **La contribution exceptionnelle et temporaire (CET)** s'applique à toutes les entreprises adhérant au régime AGIRC. Elle est notamment due pour les intermittents du spectacle lorsqu'ils sont cadres.

• **La cotisation au titre du régime de prévoyance.** L'employeur est tenu de verser pour les intermittents du spectacle – cadres, non-cadres et artistes – une cotisation «Décès-Invalidité totale et permanente», à sa charge exclusive et ce, en vertu d'un accord interbranche. Cette obligation s'impose aux entreprises relevant des anciens codes NAF 221G, 223C, 913E, 921A, 921B, 921C, 921D, 922A, 922B, 922D, 922E, 922F, 923A, 923B, 923D et 923K (pour les nouveaux codes NAF, lire page 104).

Il existe d'autres cotisations de prévoyance facultatives. L'employeur peut choisir de les verser ou non pour assurer une meilleure protection à ses salariés, sauf lorsque les conventions collectives l'y obligent.

• **L'APEC.** – L'employeur est tenu de verser une cotisation à l'APEC (Association pour l'emploi des cadres) pour ses salariés cadres uniquement, permanents ou intermittents du spectacle.

• **La participation des employeurs à l'effort de construction.** Les employeurs (autres que l'État, les collectivités locales et leurs établissements publics administratifs) ayant occupé en moyenne au moins 20 salariés sont soumis à l'obligation de participer à l'effort de construction et ce, quelle que soit leur forme juridique.

Pour les employeurs des secteurs du spectacle et de l'audiovisuel, cette contribution est recouvrée par ASTRIA, gérant le «1% patronal» et dont Audiens est partenaire.

Cotisations Audiens – *Intermittents du spectacle*

Taux au 1/5/2009

À VERSER À AUDIENS

Cotisation	Assiette	Salarié %	Employeur %	Total
Retraite complémentaire non-cadre (ARCCO)	Tranche A annuelle	3,75[1]	3,75[1]	7,50
Retraite complémentaire non-cadre (ARCCO)	Tranche 2 annuelle	10,00	10,00	20,00
Retraite complémentaire cadre (AGIRC)	Tranche A	3,75[1]	3,75[1]	7,50[1]
Retraite complémentaire cadre (AGIRC)	Tranches B et C	7,70	12,60	20,30
Prévoyance santé cadres (taux minimum)	Tranche A	-	1,50	1,50
Prévoyance santé non cadres (taux minimum)	Tranche A	-	0,42	0,42
APEC	Tranche B	0,024	0,036	0,06
Contribution exceptionnelle temporaire cadres	Tranche 8B	0,13	0,22	0,35
AGFF tranche 1 ou tranche A	Tranche 1 annuelle ou A	0,80	1,20	2,00
AGFF tranche 2 ou tranche B	Tranche 2 annuelle ou B	0,90	1,30	2,20

[1] Pour les artistes intermittents du spectacle, la cotisation est 4,375% + 4,375%, soit 8,75% au total.

LES ORGANISMES

Le cas des artistes étrangers

On étudiera ici la situation d'un entrepreneur de spectacles français qui conclut un contrat avec des artistes étrangers, en troupe ou à titre individuel.

Artistes étrangers en troupes constituées. – Il existe deux principaux cas de figure :

• soit l'entrepreneur français engage directement la troupe. Dans ce cas, en sa qualité d'employeur, il est tenu d'acquitter des cotisations auprès d'Audiens.

• soit il n'a pas la qualité d'employeur et n'est donc pas tenu à déclaration ni à cotisation (contrat avec un entrepreneur de spectacles étranger, lui-même titulaire d'une licence permanente ou d'un titre jugé équivalent ou d'une licence temporaire – contrat de «prestation de services» prévu à l'article 4 nouveau de l'ordonnance de 1945 avec un entrepreneur étranger non titulaire d'une licence mais ayant souscrit une déclaration préalable).

Artistes étrangers ressortissants de l'Union européenne ou d'un État lié à la France par une convention de sécurité sociale. – La preuve du maintien de l'affiliation de l'artiste communautaire se produisant en France au régime légal de sécurité sociale d'un autre État membre entraîne sa dispense d'affiliation aux régimes français d'assurance vieillesse, de retraite complémentaire et de retraite des cadres.

En application des dispositions du règlement communautaire 1408-71, cette preuve est constituée par la production du formulaire communautaire E101, délivré au travailleur, salarié ou non salarié, se déplaçant au sein de l'Union européenne ou de l'Espace économique européen, par l'organisme de sécurité sociale de son lieu d'établissement.

Ce formulaire crée une présomption de régularité de l'affiliation du travailleur concerné au régime de sécurité sociale de l'État membre où il est établi et ce, tant que le formulaire n'a pas été retiré par l'institution étrangère émettrice ou déclaré invalide par décision de justice.

Pour être considéré comme probant, le formulaire doit être complètement renseigné, porter le cachet de l'institution émettrice et couvrir la période au cours de laquelle l'artiste est produit en France. Pour les formations constituées, il est possible de produire un formulaire collectif, à condition qu'y soit annexée une liste, visée par l'organisme émetteur, des membres de la formation participant au déplacement, avec toutes les mentions permettant leur identification, notamment leur numéro de sécurité sociale étranger.

Les formulaires incomplets, ne portant pas le sceau de l'autorité étrangère compétente, ou dans lesquels feraient défaut notamment les dates d'émission ou de couverture et l'indication du ou des lieu(x) d'exécution de la prestation, pourront être déclarés inopérants. Dans ce cas, la dispense de cotisations sera subordonnée comme antérieurement à la preuve de l'affiliation et de l'acquit effectif des cotisations au régime de base

LES ORGANISMES

étranger d'assurance vieillesse, sur la rémunération afférente à la prestation exécutée en France.

De la même façon, les formulaires comportant des indications manifestement erronées seront écartés par Audiens.

Pour les artistes ressortissants d'États tiers liés à la France par une convention de sécurité sociale, il convient de se reporter à la convention applicable et de rechercher cas par cas si elle prévoit bien le maintien du rattachement au régime étranger et quel mode de preuve, par formulaire ou autre, elle institue.

Dans le cas des États-Unis, Audiens prend en considération le formulaire qualifiant de «self employed» un artiste (formulaire SE 402 ou TAJ 1), même s'il est considéré en France comme salarié, puisque l'arrangement administratif pour l'application de la Convention franco-américaine stipule que la qualification à retenir est celle en vigueur dans le pays émetteur du formulaire.

Enfin, lorsque les artistes produits en France sont ressortissants d'États avec lesquels il n'existe aucune convention internationale de sécurité sociale, le principe de territorialité continue de s'appliquer et les cotisations restent dues.

D'une manière générale, Audiens conseille aux employeurs de se soucier de réunir tous les éléments individuels d'identification des artistes étrangers dont ils s'assurent le concours de façon à permettre, au vu notamment de leur nationalité, de déterminer la législation qui leur est applicable.

LES ORGANISMES

LES CONGÉS SPECTACLES

Les salariés permanents ont droit à un temps de congés payés d'au moins 2,5 jours par mois durant lequel ils touchent normalement leur salaire. Leurs congés payés sont régis par le droit commun.

Les artistes et techniciens intermittents du spectacle étant, par définition, liés à plusieurs employeurs, la gestion de leurs congés payés ne pouvait suivre le même schéma. En raison de la nature de leur activité et de leur pluralité d'employeurs, des textes particuliers ont dû fixer les modalités de leur régime de congés payés. Ce sont les articles D. 7121-28 et suivants du Code du travail.

Association d'employeurs agréée par l'État (par le ministère du Travail) et régie par la loi du 1er juillet 1901, les Congés Spectacles sont chargés de gérer les congés payés des intermittents du spectacle. Ils ont en effet été créés en 1939 pour assurer le service des congés payés aux artistes et techniciens qui n'ont pas été employés de manière continue chez un même employeur pendant les douze mois précédant leur demande de congé et ce, quelle que soit la nationalité du salarié ou la nature du contrat de travail.

Les employeurs et les salariés concernés

Les structures et les catégories d'artistes et de techniciens concernés par les Congés Spectacles sont énumérées aux articles D. 7121-28 et D. 7121-29 du Code du travail.

Selon ces textes, les entreprises tenues de s'affilier aux Congés Spectacles sont notamment tous les organisateurs de spectacles, les sociétés de production cinématographique, de production et de communication audiovisuelles, qu'ils exercent leur activité à titre principal, accessoire ou occasionnel et leur forme juridique et leur statut de droit public ou privé. L'employeur est tenu d'afficher la raison sociale et l'adresse de la Caisse de congés payés à laquelle il est affilié, dans les locaux où s'effectue le paiement du personnel (art. D. 7121-45 du Code du travail).

En application de l'article D. 7121-41 du Code du travail, les employeurs concernés doivent déclarer à la Caisse l'ensemble des artistes et techniciens du spectacle qu'ils n'ont pas employés de façon continue pendant les douze mois précédant la demande de congés. Si un salarié n'est pas encore immatriculé aux Congés Spectacles, il peut télécharger un formulaire d'immatriculation sur le site www.conges-spectacles.com ou demander son immatriculation par courrier. L'employeur peut néanmoins l'immatriculer lui-même.

En ce qui concerne les salariés étrangers, il appartient à l'employeur de procéder à leur immatriculation.

LES ORGANISMES

L'inscription d'un salarié intermittent du spectacle aux Congés Spectacles est strictement obligatoire. Celui-ci ne peut pas renoncer à ses congés payés et, par exemple, demander à son employeur une rémunération supérieure au motif qu'il ne souhaite pas bénéficier des indemnités de congés servies par les Congés Spectacles. En tout état de cause, l'employeur ne peut pas verser directement au salarié le montant des congés auxquels il a droit. Il a été jugé que le montant des versements effectués directement et irrégulièrement par un employeur à ses salariés au titre des indemnités compensatrices de congés payés ne peut être admis en compensation des cotisations dues par celui-ci à la Caisse des congés payés.

Pour les Congés Spectacles, la période de référence des congés payés va du 1er avril d'une année au 31 mars de l'année suivante (article R. 3141-3, al. 2 du Code du travail).

Pour les organisateurs non professionnels de spectacles vivants

Les obligations de l'employeur vis-à-vis des Congés Spectacles sont remplies par l'intermédiaire du Guso. On se reportera à la page 77 du présent ouvrage.

Employeur établi en France et travail à l'étranger

Lorsque le travail se déroule à l'étranger, l'employeur est tenu de déclarer à la Caisse les activités pour lesquelles le droit français est applicable.

Pour déterminer le droit applicable au contrat de travail, il convient de mettre en œuvre les dispositions de la Convention de Rome du 19 juin 1980.

Lorsque le travail est accompli dans plusieurs pays (dont éventuellement la France), le droit français est notamment applicable au contrat de travail :

• s'il a été choisi comme applicable à la relation de travail, soit expressément, soit par référence à des dispositions du droit français, par exemple à une convention collective française (article 3 de la Convention de Rome du 19 juin 1980). Lorsque le contrat de travail n'indique pas explicitement le droit applicable, il s'agit de rechercher les indices permettant de définir la loi implicitement choisie par les parties.

• ou si l'établissement qui a embauché le salarié se trouve en France et si le travail n'est pas accompli habituellement dans un seul pays (article 6 de la Convention de Rome du 19 juin 1980).

Lorsque le travail est accompli dans un seul pays, le droit normalement applicable est celui du pays où le travail est accompli. Toutefois, le droit français est applicable au contrat de travail s'il a été choisi par les parties et s'il est plus favorable que le droit du pays où le travail est accompli (article 6 de la Convention de Rome du 19 juin 1980).

LES ORGANISMES

Pour déterminer les règles applicables, l'employeur amené à occuper des salariés hors de France peut interroger au préalable les Congés Spectacles en leur transmettant les contrats de travail types qui sont conclus.

Employeur étranger

Lorsque l'employeur est établi à l'étranger et qu'il occupe en France des artistes ou techniciens du spectacle, il convient de distinguer deux situations :

- L'employeur effectue en France une prestation de service pour une entreprise établie en France : il doit alors adhérer aux Congés Spectacles, leur déclarer le personnel artistique et technique qu'il détache temporairement pour l'accomplissement de cette prestation sur le territoire national et verser les cotisations correspondantes.

Le personnel que l'employeur détache en France est soumis à la loi française pour le temps où la prestation de service est réalisée sur le territoire français.

Toutefois, en application des article D.7121-42 et D.7121-43 du Code du travail, les entreprises établies dans un pays de l'Espace économique européen peuvent s'exonérer de leurs obligations vis-à-vis de la Caisse si elles justifient que leurs salariés bénéficient de leurs droits à congés payés pour la période de détachement dans des conditions au moins équivalentes à celles prévues par la législation française.

Par ailleurs, le ministère du Travail considère, sous réserve de l'appréciation souveraine des tribunaux, qu' «*un employeur établi hors de France et ne ressortissant pas de l'Espace économique européen qui occupe de manière permanente dans son pays d'origine les salariés qu'il détache temporairement en France n'a pas à adhérer aux Congés Spectacles pour la durée de la prestation. Les salariés bénéficieront normalement de leur droit à congé payé dans leur pays d'origine*».

- L'employeur occupe en France des salariés en dehors de l'exécution d'une prestation de service : pour déterminer le droit applicable au contrat de travail, il convient de mettre en œuvre les dispositions de la Convention de Rome du 19 juin 1980.

Son article 6 prévoit que le contrat de travail est régi par la loi du pays où le travail est habituellement accompli ou par la loi choisie par les parties si celle-ci est plus favorable au salarié. Toutefois, il résulte de l'article 7 de la même Convention que, nonobstant la loi choisie par les parties, l'État où s'effectue la prestation peut imposer certaines de ses règles à une relation de travail en principe soumise à un autre droit. Tel est le cas des dispositions du droit français en matière de congés payés. L'employeur doit donc adhérer à la Caisse et lui déclarer le personnel artistique et technique occupé temporairement en France.

LES ORGANISMES

Les contributions aux Congés Spectacles

Les cotisations aux Congés Spectacles sont calculées sur la rémunération brute acquise par le salarié au titre du travail effectif exercé durant la période de référence, avant toute déduction forfaitaire spécifique pour frais professionnels et toute retenue.

L'assiette comprend les éventuelles heures supplémentaires ainsi que les avantages en nature et certaines primes et indemnités, mais exclut les remboursements pour frais professionnels.

Le salaire pris en compte peut, dans certaines branches d'activité et pour certains emplois, être limité à un plafond d'indemnités journalières. Les plafonds sont communiqués chaque année aux Congés Spectacles par les organisations professionnelles d'employeurs. Ils sont adressés le 31 mars à chaque entreprise adhérente à qui il appartient de vérifier si elle est autorisée à les appliquer. Il est donc recommandé de demander par écrit à la Caisse si on relève bien de ces plafonds.

Le paiement des contributions

Les employeurs peuvent transmettre les déclarations nominatives d'activités via le site Internet www.conges-spectacles.com ou net-entreprises.fr ou sur support numérique (CD Rom...). À défaut, ils adressent les exemplaires roses des certificats d'emploi qui leur sont fournis par la Caisse.

Ils peuvent également effectuer sur ces sites, en respectant leur périodicité d'appel, les opérations de télédéclaration et de télérèglement des cotisations. Sinon, ils reçoivent périodiquement un bordereau de déclaration et de versement des cotisations.

- Les activités saisonnières ainsi que les films, par nature d'une durée limitée, sont soumis à une périodicité d'appel mensuelle.

- Les employeurs versant un montant de cotisations inférieur à 1 000 euros sont assujettis à une périodicité d'appel annuelle.

- Les employeurs versant un montant de cotisations supérieur à 1 000 euros et inférieur à 30 000 euros sont assujettis à une périodicité d'appel trimestrielle.

- Les employeurs versant un montant de cotisations supérieur à 30 000 euros sont assujettis à une périodicité d'appel mensuelle.

Contribution Congés Spectacles *Taux au 1/5/2009*

	À VERSER AUX CONGÉS SPECTACLES			
Cotisation	Assiette	Salarié %	Employeur %	Total
Congés Spectacles	Totalité	-	14,70	14,70

LES ORGANISMES

L'AFDAS

Tout employeur (à l'exception de l'État, des collectivités locales et de leurs établissements publics à caractère administratif) a l'obligation de participer au financement de la formation professionnelle continue (C. trav. art. L. 6331-1 et suivants).

Des organismes paritaires collecteurs agréés (OPCA) ont été créés pour la collecte et la gestion des fonds versés par les entreprises pour financer les dispositifs de formation professionnelle continue.

Le Code du travail organise le versement des contributions à la formation professionnelle continue pour les intermittents du spectacle en tenant compte de leur spécificité.

L'Afdas est l'organisme collecteur (OPCA) de cette contribution. En matière de formation professionnelle, il dispose donc d'une compétence nationale exclusive pour la gestion des contributions formation des intermittents du spectacle et, s'agissant de personnels permanents, des entreprises relevant du spectacle vivant, du cinéma, de l'audiovisuel, de la publicité, des loisirs et de la distribution directe.

Les employeurs concernés

Toutes les entreprises qui emploient des intermittents du spectacle, quels que soient leur effectif et leur activité sont tenues de s'adresser à l'Afdas. Peu importe donc leur secteur d'activité. Pour les organisateurs non professionnels de spectacle vivant, recourant au Guso, on se reportera page 77.

Les cotisations

On n'étudiera ici que les modalités de cotisations applicables aux rémunérations versées aux intermittents du spectacle.

La base de calcul de la participation à la formation continue est la base retenue pour les cotisations de sécurité sociale (après application, le cas échéant, de la déduction forfaitaire spécifique pour frais professionnels). Toutefois, lorsque la cotisation de sécurité sociale est calculée de façon forfaitaire, la contribution formation professionnelle est calculée sur la rémunération brute réelle.

Il existe plusieurs cas particuliers :

• Certains secteurs d'activité ont souhaité confier à l'Afdas la collecte d'une contribution qui ne relève pas de la formation professionnelle continue. Les sommes collectées dans ce cadre sont reversées aux organisations concernées.

LES ORGANISMES

- Radios - Financement de la Commission de conciliation et d'interprétation (titre II de la CCN de la radiodiffusion) : 0,05% des salaires bruts. Financement du paritarisme audiovisuel : 0,006 % des salaires bruts

- Chaînes thématiques - Financement du paritarisme (article 2.4 de la CCN des chaînes thématiques) : 0,03% des salaires bruts.

- Audiovisuel (sauf radio et chaîne thématique) et production cinéma - Financement du paritarisme (protocole d'accord du 04/02/2006) : 0,004% des salaires bruts, avec un minimum de 15 euros et un maximum de 2 000 euros.

- Loisirs - Financement du paritarisme (avenants n°s 14 et 16 à la CCN des espaces de loisirs, d'attraction et culturels) : 0,05% des salaires bruts, avec un minimum de 40 euros et un maximum de 22 868 euros.

- Publicité – Financement du paritarisme et de l'Observatoire prospectif des métiers et des qualifications (avenants n°s 16 et 18 à la CCN de la publicité) : forfait de 10 euros par entreprise.

- Entreprises techniques au service de la création et de l'événement de l'audiovisuel – Financement du paritarisme de l'audiovisuel (Protocole d'accord du 04/02/2005) : 0,004 % des salaires bruts, avec un minimum de 15 euros et un maximum de 2 000 euros. Financement du paritarisme des entreprises techniques au service de la création et de l'événement (CCN des entreprises techniques au service de la création et de l'événement – article 3-9) : 0,045 % des salaires bruts.

Cotisation Afdas – *Intermittents du spectacle*
Taux au 1/5/2009

	À VERSER À L'AFDAS			
Cotisation	Assiette	Salarié %	Employeur %	Total
Formation continue	Totalité	-	2,15	2,15[1]

[1] La contribution est majorée de la TVA portant son taux à un taux global de 2,57% en France métropolitaine. Ce taux est égal à 2,33% dans les DOM (sauf Guyane) et 2,15% à Saint-Pierre-et-Miquelon et en Guyane.

Le paiement des contributions

Les contributions doivent être versées à l'Afdas avant le 1er mars de chaque année. Le versement est semestriel pour les entreprises dont la masse salariale annuelle des intermittents est supérieure à 114 750 euros et trimestrielle pour les productions de films.

LES ORGANISMES

L'accès à la formation de l'intermittent du spectacle

Intermittents du spectacle et Plan de formation

Les conditions d'accès. – Le salarié intermittent du spectacle doit justifier de 2 ans d'ancienneté professionnelle et, sur les 24 mois précédant la demande de stage, de :
- 48 cachets pour les artistes-interprètes (comédien, danseur, chanteur, musicien) ;
- 130 jours de travail pour les techniciens du cinéma et de l'audiovisuel ;
- 88 jours de travail pour les réalisateurs, techniciens du spectacle vivant et metteurs en scène.

De nouvelles dispositions portant sur la «Période de professionnalisation» ont assoupli les conditions d'accès. Ainsi, le salarié intermittent du spectacle doit justifier de :
- pour les artistes-interprètes et musiciens : 72 cachets sur 3 ans, ou 96 sur 4 ans, ou 120 sur 5 ans ;
- pour les techniciens du cinéma et de l'audiovisuel : 132 jours sur 3 ans, ou 176 sur 4 ans, ou 220 sur 5 ans ;
- pour les réalisateurs, techniciens du spectacle vivant et metteurs en scène : 195 jours de travail sur 3 ans, ou 260 sur 4 ans, ou 325 sur 5 ans.

L'ancienneté professionnelle du salarié concerné est calculée par l'Afdas à compter du premier jour travaillé en tant qu'intermittent. Elle n'a pas de rapport avec sa situation au regard de l'Assurance chômage.

Les périodes de carence. – Si la durée du dernier stage suivi est inférieure ou égale à 40 heures, le délai de carence (délai à respecter entre deux stages Afdas) est de 6 mois.
Si la durée du dernier stage suivi est comprise entre 41 et 160 heures, le délai de carence est de 12 mois.
Si la durée du dernier stage suivi est comprise entre 161 et 315 heures, le délai de carence est de 18 mois.
Si la durée du dernier stage suivi est supérieure ou égale à 316 heures, le délai de carence est de 24 mois.
Les stages de langues n'engendrent pas de période de carence s'il s'agit de stages conventionnés auprès de Formalangues (en Ile-de-France) et du réseau des Greta (dans les autres régions) ou de stages non conventionnés (dispensés par d'autres organismes de formation).
Les stages de sécurité (habilitation électrique, CACES, SSIAP, permis de conduire spéciaux, FIMO, FCOS...) sont financés par l'Afdas sans application de période de carence. Les autres stages de langues, ainsi que les stages de bureautique, les bilans de compétences et les actions de VAE, utiliseront obligatoirement votre DIF (sans carence) si le nombre d'heures que vous avez acquis est suffisant. Sinon, ces stages entraîneront les mêmes carences que ci-dessus.

LES ORGANISMES

Le choix de la formation. – Il est important de distinguer les stages conventionnés des autres stages. Les stages conventionnés sont des stages choisis par les commissions paritaires (employeurs et salariés) de l'Afdas, dans l'objectif de construire, par métier, une offre de formation diversifiée et de qualité. Ces stages se situent dans une logique de relation avec l'emploi exercé par l'intermittent du spectacle. Il peut s'agir de stages collectifs à dates fixes ou de formations en accès individuel. Les stages conventionnés bénéficient d'un accès rapide (1 à 2 semaines avant le début de la formation).

L'Afdas met à disposition des calendriers annuels de stages, établis par catégories professionnelles, ainsi que des listes d'organismes par filière de formation.

Si ces stages ne correspondent pas à ses besoins, l'intermittent du spectacle peut solliciter l'Afdas pour le financement d'un stage non conventionné ou d'une formation correspondant à une démarche de reconversion ou d'évolution de carrière (ne pouvant pas être prise en compte dans le cadre du Congé individuel de formation). La demande est alors présentée à l'examen de la commission paritaire dont relève l'intermittent.

Le choix d'un stage conventionné collectif garantit un financement total du coût de la formation. Pour un stage conventionné en accès individuel ou pour un stage non conventionné, la demande de l'intermittent du spectacle pourra faire l'objet d'un financement total ou partiel. Les accords de prise en charge sont valables 6 mois.

Les délais de dépôt du dossier. – Pour les stages conventionnés collectifs dans la catégorie professionnelle de l'intermittent concerné, le dossier doit être déposé au plus tard 1 semaine avant le début de la formation. Pour les stages conventionnés collectifs dans une catégorie professionnelle dans une autre catégorie professionnelle que celle de l'intéressé, le délai est 2 semaines (3 semaines si l'adéquation entre le métier exercé et la formation souhaitée n'est pas clairement établie).

Le délai est de 2 semaines avant pour les stages conventionnés en accès individuel (3 semaines si l'adéquation entre le métier exercé et la formation souhaitée n'est pas clairement établie).

Pour les stages non conventionnés, le dossier doit parvenir à l'Afdas au plus tard 3 semaines avant la date de la commission paritaire (dates consultables sur www.afdas.com).

Les démarches et le statut pendant la formation – La situation diffère selon que l'intermittent du spectacle concerné est bénéficiaire ou non de l'allocation de retour à l'emploi (ARE).

Les bénéficiaires de l'ARE doivent se procurer une AISF auprès de Pôle emploi si le stage est supérieur à 40 heures. Ils pourront alors bénéficier de l'allocation de retour à l'emploi-formation (AREF). Pour les stages de 40 heures ou moins, aucune démarche à effectuer, le bénéficiaire continue de percevoir l'ARE. Les intermittents non allocataires de Pôle emploi qui suivent une formation diplômante prise en charge en période de professionnalisation peuvent bénéficier d'une indemnisation horaire (imposable) égale à 80% du SMIC horaire brut.

LES ORGANISMES

Prise en compte des heures de stage. – Selon les règles des annexes 8 et 10 du régime d'Assurance chômage, les heures de stages ne sont pas assimilées à du temps de travail par Pôle emploi lorsque l'intermittent du spectacle perçoit des allocations (AREF, ARE). Elles le sont dans la limite de 338 heures lorsqu'il ne perçoit pas d'allocation.

Les frais indirects. – Si le stage que l'intermittent du spectacle a choisi d'effectuer se déroule dans un lieu éloigné de son lieu de résidence, il dispose de la possibilité de solliciter auprès de l'Afdas un remboursement des frais indirects (transport et hébergement). L'acceptation de ce remboursement n'est cependant pas systématique. Par exemple, s'il existe un stage équivalent à proximité de son lieu d'habitation, la prise en charge ne peut être assurée.

Intermittents du spectacle et Congé individuel de formation (CIF)

Les conditions d'accès. – Le salarié intermittent du spectacle doit justifier de 2 ans d'ancienneté professionnelle et, sur les 2 à 5 dernières années précédant la demande de stage, d'un volume de 220 jours de travail ou cachets répartis sur les 2 à 5 dernières années, dont :
Pour les artistes interprètes et musiciens :
- 60 jours ou cachets répartis sur les 24 derniers mois ;
- ou 30 jours ou cachets répartis sur les 12 derniers mois.

Pour les techniciens du spectacle vivant ou réalisateurs :
- 88 jours de travail ou cachets répartis sur les 24 derniers mois ;
- ou 44 jours ou cachets répartis sur les 12 derniers mois.

Pour les techniciens de l'audiovisuel :
- 130 jours de travail ou cachets répartis sur les 24 derniers mois ;
- ou 65 jours de travail ou cachets répartis sur les 12 derniers mois.

Les périodes de carence. – Si la durée du dernier stage suivi est inférieure ou égale à 40 heures, le délai de carence (délai à respecter entre deux stages Afdas) est de 6 mois.
Si la durée du dernier stage suivi est comprise entre 41 et 160 heures, le délai de carence est de 12 mois.
Si la durée du dernier stage suivi est comprise entre 161 et 315 heures, le délai de carence est de 18 mois.
Si la durée du dernier stage suivi est supérieure ou égale à 316 heures, le délai de carence est de 24 mois.
De plus, un délai doit être respecté entre deux CIF. Il se calcule grâce à la formule :
Délai en année(s) = nombre d'heures suivies pendant le premier CIF / 144.

LES ORGANISMES

Les formations accessibles au titre du CIF. – Toutes les formations qualifiantes, de reconversion ou d'évolution de carrière peuvent faire l'objet d'une demande de financement dans le cadre du CIF, à l'exclusion :
- des cours de langues étrangères ;
- des cours particuliers ;
- des cours par correspondance ;
- des cours du soir ;
- des formations discontinues (temps plein ou temps partiel) ;
- des redoublements d'actions de formation préalablement financées par l'Afdas ;
- des demandes portant sur 2 stages ou 2 diplômes différents ;
- des formations qui se déroulent sur une période de plus d'un an à temps plein ;
- des formations réalisées complètement à l'étranger ou dans les DOM-TOM (pour les résidents de la métropole) à l'exception de celles qui ne possèdent pas d'équivalent en France ;
- des formations dont la durée est inférieure à 105 heures en totalité ou 25 heures hebdomadaires.

La couverture sociale de l'intermittent pendant le stage. – L'intermittent du spectacle quitte le statut de demandeur d'emploi pour celui de «stagiaire de la formation professionnelle continue». Il bénéficie alors du maintien de sa protection sociale en matière de sécurité sociale, Assurance chômage, retraite complémentaire, protection accident du travail.

La rémunération pendant le stage. – L'Afdas rémunère directement l'intermittent du spectacle pendant toute la durée de son CIF. Versée mensuellement, après réception de l'attestation de présence de l'organisme de formation, sa rémunération se calcule en prenant en compte le montant journalier de l'ARE au moment du dépôt du dossier et le montant des activités salariées durant la dernière période de référence des Congés Spectacles. Le salaire brut horaire ne peut être inférieur au SMIC horaire, ni supérieur à 3 SMIC horaire.

Les délais de dépôt du dossier. – Le dossier doit être déposé au moins deux mois avant le début de la formation.

L'étude du dossier et le financement. – La Commission d'examen se réunit une fois par mois pour étudier les dossiers des candidats ayant rempli les conditions d'accès.
La prise en charge du dossier dépend alors :
- des priorités définies par le Conseil de gestion des congés individuels de formation ;
- de la qualité du dossier : expérience professionnelle, motivation, cohérence du projet ;
- des ressources financières disponibles.

Les actions de formation prioritaires sont les actions de qualification professionnelle

LES ORGANISMES

et de reconversion sanctionnées par un diplôme d'école ou d'université, ou à défaut un titre homologué ou un diplôme reconnu par l'État.
L'Afdas peut financer, en plus de la rémunération de l'intermittent du spectacle, tout ou partie du coût pédagogique de la formation. Le montant de la prise en charge est fonction de la durée du stage et de son salaire.
La prise en charge est totale pour tout demandeur dont le salaire est inférieur ou égal à 110% du SMIC.
L'Afdas ne prend pas en charge les frais d'inscription, les frais de constitution du dossier et le temps de préparation des mémoires.
Il est également possible d'obtenir, sous certaines conditions, une prise en charge des frais indirects (déplacements et hébergement) occasionnés par la formation.

Intermittents du spectacle et Droit individuel à la formation (DIF)

Principes. – Le DIF (Droit individuel à formation) est un dispositif permettant au salarié de se constituer un capital formation qu'il pourra utiliser à son initiative, en accord avec l'employeur. Il a été instauré par la loi du 4 mai 2004 et adapté de manière dérogatoire depuis début 2006 pour les intermittents du spectacle.
L'ensemble des salariés titulaires d'un contrat de travail à durée indéterminée ou à durée déterminée est concerné et ce, quelle que soit la taille de l'entreprise.
Le DIF permet à chacun d'acquérir tous les ans des heures de formation et de les cumuler d'année en année, et ce sans limitation de durée. La comptabilisation des heures est effective depuis le 1er avril 2005.
Ce principe de «capitalisation» constitue peu à peu un «compte épargne formation» où sont conservées les heures acquises à utiliser quand le salarié souhaite entreprendre un projet de formation.
Il existe des règles spécifiques en ce qui concerne les salariés permanents engagés sous CDI ou sous CDD. Les intermittents du spectacle disposent, quant à eux, de droits supérieurs aux salariés du régime général : conditions d'accès élargies, capitalisation d'heures de formation sans limitation de durée et formations prioritaires ouvrant droit à un triplement des heures acquises.
Seules les règles concernant les intermittents du spectacle sont étudiées ici.

Les conditions générales d'accès. – Le calcul des heures de DIF acquises est basé sur les périodes du 1er avril au 31 mars de chaque année (12 mois), dites «périodes de référence».
Les règles ont été assouplies pour permettre un plus large accès des intermittents du spectacle vivant au DIF (pour les techniciens du cinéma et de l'audioviol, les règles n'ont pas changé).
Ainsi, les salariés intermittents du spectacle doivent avoir travaillé au moins 24 jours (ou cachets) sur une période de référence s'ils sont artistes-interprètes, 44 jours s'ils sont

LES ORGANISMES

techniciens du spectacle vivant, metteurs en scène ou réalisateurs et 65 jours s'ils sont techniciens du cinéma et de l'audiovisuel.
Pour ces durées, le droit acquis est de 8 heures de formation. Pour des durées supérieures, le droit acquis est calculé *prorata temporis*.

+*Les formations accessibles au titre du DIF.* – Toutes les actions de formation professionnelle peuvent être accessibles dans le cadre d'un DIF. Certains stages, dits prioritaires, sont imputés automatiquement sur le DIF (sous réserve que les heures acquises soient suffisantes) :
- langues étrangères (à l'exception des stages conventionnés collectifs Formalangues et réseau GRETA),
- bureautique (initiation Mac, Windows, Outlook, Word, I life, Powerpoint, Excel, Access, File Maker Pro, Photoshop, Xpress, Illustrator, Indesign, Dreamweaver, Flash, création de blog ou de site ...)
- bilans de compétence ;
- VAE.

Les modalités de demande de DIF. – La mise en œuvre du DIF relève de l'initiative du salarié. Contrairement aux salariés permanents sous CDI ou CDD, l'employeur n'a aucune démarche à accomplir auprès de l'Afdas, ni accord à signer avec l'intermittent du spectacle qui souhaite bénéficier du DIF.
L'intermittent du spectacle doit en effet prendre contact avec un conseiller de l'Afdas afin de lui exposer son projet de formation. Selon sa situation, ses droits ouverts aux différents dispositifs, et le projet de formation envisagé, la solution la plus adaptée lui sera proposée. Le dossier comprend le formulaire Afdas «DIF intermittents – demande de prise en charge», le programme du stage, la copie des justificatifs d'activité sur la période de référence prise en compte. Si le stage n'est pas prioritaire, il faut également fournir un CV et une lettre de motivation.

Les délais de dépôt du dossier. – Le dossier doit être déposé au plus tard 2 semaines avant le début de la formation. Pour les stages ne correspondant pas à un stage de perfectionnement et d'actualisation de connaissances dans la catégorie professionnelle de l'intéressé, le dossier doit parvenir à l'Afdas au plus tard 3 semaines avant la prochaine commission paritaire.
Il existe quatre commissions :
- commissions «artistes-interprètes» (hors musiciens) ;
- commissions «techniciens cinéma et audiovisuel, réalisateurs» ;
- commissions «techniciens du spectacle vivant» ;
- commission «musiciens».

Il est possible de consulter les dates des commissions paritaires sur le site Internet de l'Afdas (www.afdas.com).

LES ORGANISMES

La rémunération ou l'allocation pendant la formation. – La situation diffère selon que l'intermittent du spectacle concerné est bénéficiaire ou non de l'allocation de retour à l'emploi (ARE).

Les bénéficiaires de l'ARE doivent se procurer une AISF auprès de Pôle emploi si le stage est supérieur à 40 heures. Ils pourront alors bénéficier de l'allocation de retour à l'emploi-formation (AREF).

Pour les stages de 40 heures ou moins, aucune démarche à effectuer, le bénéficiaire continue de percevoir l'ARE.

Prise en compte des heures de stage. – Selon les règles des annexes 8 et 10 du régime d'Assurance chômage, les heures de stages ne sont pas assimilées à du temps de travail par Pôle emploi lorsque l'intermittent du spectacle perçoit des allocation (AREF, ARE). Elles le sont lorsqu'il ne perçoit pas d'allocation.

LES ORGANISMES

LA MÉDECINE DU TRAVAIL

Selon le code du travail, «*tout salarié doit bénéficier* [...] *d'un examen médical en vue de s'assurer du maintien de son aptitude au poste de travail occupé. Chaque année, les employeurs doivent déterminer la périodicité des visites médicales de leurs salariés en SMS (Surveillance Médicale Simple), soit une visite médicale au moins tous les 24 mois, ou SMR (Surveillance Médicale Renforcée), soit une visite médicale au moins tous les 12 mois.*»
Les intermittents du spectacle bénéficient d'une visite médicale annuelle.

Le Centre médical de la Bourse

Les dispositions relatives à la médecine du travail concernent tous les salariés, quelles que soient la nature et la durée de leurs contrats de travail.

Le CMB (Centre médical de la Bourse) a été mandaté depuis 1970 par les organisations professionnelles d'employeurs du spectacle pour organiser le suivi de la santé au travail des salariés intermittents du spectacle sur le plan national.

Pour les organisateurs non professionnels de spectacles vivants

Les obligations de versement de la contribution due au CMB au titre de la prestation santé/travail (prévention des risques professionnels et visite médicale individuelle) sont remplies par l'intermédiaire du Guso. On se reportera à la page 77 du présent ouvrage.

La contribution au CMB

La contribution au CMB est calculée sur la rémunération brute acquise par le salarié au titre du travail effectif exercé durant la période de référence, après l'éventuelle déduction forfaitaire spécifique pour frais professionnels.

Elle est collectée, pour le compte du CMB, par Audiens. Elle est appelée annuellement. Elle doit être réglée avant le 15 mars de l'année suivante (exemple : le 15 mars 2010 pour l'année 2009). La TVA, au taux de 19,6%, doit être acquittée en sus des cotisations.

Contribution CMB *Taux au 1/6/2009*

	À VERSER AU CMB VIA AUDIENS			
Cotisation	Assiette	Salarié %	Employeur %	Total
Médecine du travail CMB	Base cotisation retraite	-	0,32	0,32

LES ORGANISMES

LES AUTRES ORGANISMES

Le FNAS

Le Fonds National d'Activités Sociales (FNAS) est en quelque sorte un comité interentreprises proposant aux salariés permanents et intermittents du spectacle dont les droits sont ouverts la prise en charge de séjours et d'activités culturelles, sportives et de loisirs. La cotisation au FNAS est due par toutes les structures de moins de 50 salariés soumises à la Convention collective nationale des entreprises artistiques et culturelles.

Le FCAP

Le Fonds Commun d'Aide au Paritarisme (FCAP) a été institué par les signataires de la Convention collective nationale des entreprises artistiques et culturelles. Alimenté par les cotisations payées par les employeurs, il est destiné à financer les frais occasionnés par les réunions et missions paritaires (entre employés et employeurs) mises en place pour favoriser l'application de ladite convention. La cotisation au FCAP est obligatoire pour toutes les structures (appartenant ou non à un syndicat d'employeurs) entrant dans le champ d'application de la Convention collective des entreprises artistiques et culturelles. Ces employeurs doivent se faire connaître auprès du FCAP.

Les OSC

La cotisation des Œuvres Sociales du Cinéma (OSC) est une contribution versée par les entreprises du secteur du cinéma et de l'audiovisuel, en application des divers accords de branche. Pour les entreprises qui ne sont pas couvertes par ces accords de branche, il est d'usage de verser cette contribution. Les Œuvres Sociales du Cinéma sont en quelque sorte un comité interentreprise qui propose aux salariés permanents et intermittents du spectacle diverses prestations : séjours de vacances pour les enfants, séjours en résidence pour les salariés, arbre de Noël, aides et secours…

Les taxes

À verser au Trésor public, la taxe sur les salaires, d'une part, et la taxe d'apprentissage, d'autre part, peuvent être également dues en fonction de la situation de l'entreprise.

LA SIMPLIFICATION

LE GUSO

Généralités

Le Guso est un service gratuit de simplification administrative. Il a été mis en place par les organismes de protection sociale du domaine du spectacle. Il permet notamment d'effectuer les déclarations et le paiement des cotisations sociales lors de l'engagement d'artistes ou de techniciens intermittents du spectacle.

L'opérateur national pour le compte des partenaires est Pôle emploi.

Le Guso a pour objectifs :

- de simplifier les démarches des employeurs qui n'ont pas le spectacle vivant comme activité principale ;
- de garantir aux salariés artistes ou techniciens du spectacle vivant une meilleure protection sociale ;
- de lutter plus efficacement contre le travail illégal.

Quels sont les employeurs concernés ?

Depuis le 1er janvier 2004, le dispositif du Guso est obligatoire pour les employeurs – occasionnels ou réguliers – d'artistes ou de techniciens du spectacle dont l'activité principale n'est pas le spectacle vivant. Autrement dit, il s'agit des organisateurs qui n'ont pas pour activité principale le spectacle.

Ainsi, relèvent obligatoirement du Guso toute personne physique (particulier, commerçant, profession libérale...) et toute personne morale de droit privé (association, entreprise, comité d'entreprise, hôtels, restaurants...) ou de droit public (collectivité territoriale, établissement public, service de l'État...) qui :

- n'ont pas pour activité principale ou pour objet l'exploitation de lieux de spectacles, de parcs de loisirs ou d'attraction, la production ou la diffusion de spectacles ;
- emploient sous contrat à durée déterminée des artistes du spectacle (article L 7121-2 du Code du travail) ou des techniciens qui concourent au spectacle vivant.

Sont également concernés les groupements d'artistes amateurs bénévoles faisant occasionnellement appel à un ou plusieurs artistes du spectacle percevant une rémunération.

Le nombre de représentations organisées n'est plus limité comme auparavant.

Par spectacle vivant, le Guso entend : *« à la différence du cinéma et de l'audiovisuel, le principe même du spectacle vivant réside dans l'exécution d'une œuvre de l'esprit en direct devant un public avec la présence physique des artistes. Cela peut être l'opéra, l'opérette, les comédies musicales, les pièces de théâtre, les concert de rock ou de musique classique, les récitals lyriques ou*

LA SIMPLIFICATION

d'artistes de variétés, les ballets, les revues sur glace, les pantomimes, les spectacles de cirque, les spectacles de rue, les spectacles forains, les chorales, les fanfares...». Les animations commerciales, aussi «spectaculaires» qu'elles puissent parfois être, ne sont pas considérées comme du spectacle et n'entrent pas dans le champ d'application du Guso.

Le fonctionnement

Le Guso permet de remplir en une seule fois l'ensemble des obligations légales auprès des organismes de protection sociale :

- l'Urssaf pour la sécurité sociale ;
- l'Assurance chômage ;
- Audiens pour la retraite complémentaire et la prévoyance (IRPS, IRCPS et Audiens Prévoyance) ;
- les Congés Spectacles pour les congés payés ;
- l'Afdas pour la formation professionnelle ;
- le CMB (Centre Médical de la Bourse) pour le service de santé au travail.

Grâce à un formulaire unique et simplifié en ligne (ou papier), l'employeur réalise simultanément :
- le contrat de travail ;
- la Déclaration préalable à l'embauche, DPAE (imprimé spécifique) ;
- la déclaration de l'ensemble des cotisations et contributions dues au titre de l'emploi et le paiement global ;
- la déclaration annuelle des données sociales ;
- l'attestation d'emploi destinée à Pôle emploi ;
- le certificat d'emploi destiné aux Congés Spectacles.

Une attestation récapitulative mensuelle est envoyée au salarié reprenant les différentes périodes d'emploi, les salaires et les cotisations sociales (salariales et patronales) correspondant aux salaires versés. Cette attestation se substitue à la remise du bulletin de paie.

À noter que les employeurs qui recourent au Guso peuvent également éditer eux-mêmes les contrats de travail et les bulletins de salaire et ajouter, le cas échéant, d'autres contributions (complémentaire santé facultative ou obligatoire, retenue à la source…) et le remboursement de frais professionnels.

Les formalités

L'employeur peut adhérer gratuitement au Guso, par Internet ou sur simple appel téléphonique. Un numéro d'affiliation lui est alors attribué et une notification lui est envoyée. Ce numéro est indispensable à chaque utilisation du service et pour toute consultation du compte de l'employeur.

LA SIMPLIFICATION

Une fois affilié, l'employeur peut compléter en ligne ou sur support papier :
- la DPAE (Déclaration préalable à l'embauche) à adresser avant le début d'exécution du contrat de travail ;
- le formulaire unique et simplifié Guso à adresser au Guso dans les quinze jours suivant la fin du contrat de travail accompagné du règlement des cotisations sociales.

Si l'employeur a opté pour la déclaration papier, il doit commander le formulaire pré-renseigné à ses coordonnées sur simple appel au numéro Azur (tél. 0 810 863 342, prix d'un appel local) ou en ligne (www.guso.com.fr).

L'envoi au Guso du feuillet, complété et signé par le salarié et l'employeur lors de l'embauche, et du chèque correspondant au règlement de vos cotisations sociales permet de vous acquitter de vos obligations déclaratives et contributives auprès des organismes sociaux en une seule fois.

Le bon calendrier

J-20 : contactez le Guso afin de vous affilier (s'il s'agit de votre première déclaration) et/ou commander votre dossier.

J-10 : anticipez votre budget en simulant le calcul des cotisations et contributions sociales.

J-2 : saisissez la Déclaration préalable à l'embauche (DPAE).

Jour J : faites signer la DUS (Déclaration unique et simplifiée, voir page 83) à l'artiste ou au technicien et remettez-la lui sous 48 heures obligatoirement.

J+15 (au maximum) : envoyez le volet n°1 de la DUS accompagné du paiement des cotisations et contributions à verser (pour éviter des majorations de retard au-delà de cette échéance).

(Sources : Guso)

Le montant des cotisations

Les cotisations et contributions collectées par le Guso sont calculées en fonction des taux et modalités de calcul en vigueur pour chaque organisme social.

Il est possible de réaliser une simulation des cotisations dues sur le site Internet du Guso.

En ce qui concerne l'Urssaf, une cotisation forfaitaire peut être appliquée pour les artistes intermittents du spectacle, si leur rémunération, pour la représentation en question, est inférieure à 25% du plafond mensuel de sécurité sociale, soit 640 euros au 1er janvier 2008.

LA SIMPLIFICATION

Cette cotisation forfaitaire est égale à deux fois et demie le plafond horaire de sécurité sociale, par représentation, soit 53 euros au 1er janvier 2009 (lire également page 82).

Le versement des cotisations et contributions est exigible au plus tard le quinzième jour suivant le terme du contrat de travail.

Il sera appliqué une majoration de retard de 6% du montant des cotisations et contributions qui n'ont pas été versées à la date d'exigibilité. Cette majoration sera augmentée de 1% du montant des cotisations et contributions dues par mois ou fraction de mois écoulé, après l'expiration d'un délai de trois mois à compter de la date limite d'exigibilité des cotisations et contributions.

Guso : les questions les plus fréquentes

Le salaire brut est-il équivalent au budget global lors de l'embauche d'un artiste ?

Non. Un salaire est composé de trois éléments : le salaire net, la part salariale et la part patronale des cotisations sociales. Si on additionne les éléments suivants entre eux, on obtient :

- part salariale + part patronale = total des cotisations sociales
- salaire net + part salariale = salaire brut (base de calcul)
- salaire net + part salariale + part patronale = budget global

L'employeur verse d'une part le salaire net à l'artiste et d'autre part le total des charges au Guso. Le coût total pour l'embauche de l'artiste est le « budget global ».

Peut-on passer par le Guso si on organise plus de six spectacles par an ?

Oui. Depuis la mise en place du Guso obligatoire, le nombre de représentations n'est plus limité. Néanmoins, l'employeur est toujours tenu de se conformer au respect des dispositions de l'ordonnance de 1945 relative au spectacle (la licence d'entrepreneur de spectacles est obligatoire à partir de six représentations par an).

Peut-on photocopier des formulaires vierges du Guso en cas de rupture de stock ?

Non. Les formulaires Guso sont des documents uniques numérotés et pré-imprimés aux coordonnées de l'employeur. Il est indispensable de les commander auprès des services du Guso. Le plus pratique et le plus rapide reste de saisir directement les déclarations via le site web du Guso.

LA SIMPLIFICATION

Un artiste peut-il déclarer au Guso sa prestation et reverser les cotisations sociales lui-même ?

Non. Seul l'employeur doit endosser la responsabilité liée à l'emploi et à l'embauche du salarié.

J'organise plusieurs spectacles dans l'année. Dois-je systématiquement procéder à une simulation ?

Oui, car le montant des cotisations et contributions sera fonction de la forme juridique de l'employeur, de sa catégorie professionnelle, du nombre de jours travaillés, des taux, de la détention ou non d'une licence de spectacles. Il est donc recommandé d'effectuer systématiquement une simulation de calcul de charges sur le site Internet du Guso ou de contacter l'accueil téléphonique.

Lorsque l'on effectue la Déclaration unique et simplifiée du Guso, doit-on également effectuer la Déclaration préalable à l'embauche (DPAE) ?

Oui. La DPAE est obligatoire. Son absence expose l'employeur à des sanctions prévues par la législation pour travail dissimulé.

Tous les employeurs peuvent-ils adhérer au Guso ?

Non, le Guso s'adresse aux employeurs dont l'activité principale n'est pas le spectacle. Pour définir le champ d'application, le Guso s'appuie sur l'activité principale (déterminée notamment par l'octroi du code APE/NAF).

Doit-on faire un contrat de travail et une fiche de paie ?

Non. La Déclaration unique et simplifiée vaut contrat de travail et l'attestation envoyée mensuellement par le Guso au salarié se substitue à la remise d'un bulletin de paie. Cependant, il n'est pas exclu, si vous le souhaitez, de rédiger un contrat d'engagement et d'éditer une fiche de paie détaillée.

Peut-on déclarer des emplois tels que musicien, acteur de cinéma, danseur, chef monteur vidéo, magicien, etc. ?

Ce n'est qu'en partie exact. En effet, le Guso ne concerne que le spectacle vivant, c'est-à-dire les représentations sur scène avec la présence d'au moins un artiste. Ne sont donc pas concernées les prestations dites «enregistrées» (audiovisuel, télévision, radio).

LA SIMPLIFICATION

Le Guso en quelques dates

Décembre 1992 Création du Centre de Recouvrement Cinéma Spectacle.

Juillet 1998 La loi du 2 juillet 1998 instaure la création du Guichet Unique Spectacle Occasionnel (Guso) par le biais duquel les organisateurs occasionnels de spectacles peuvent : établir l'ensemble des déclarations obligatoires liées à l'embauche, sous contrat à durée déterminée, d'artistes et techniciens du spectacle ; payer les cotisations de sécurité sociale.

Novembre 1999 Mise en place du Guso. La gestion en est confiée à l'ex-Assedic de l'Ain et des deux Savoie.

Janvier 2002 Le Centre de Recouvrement Cinéma Spectacle et le Guichet Unique Spectacle Occasionnel sont regroupés pour former le Centre National Cinéma Spectacle, rattaché au Garp comme mission nationale « cinéma spectacle ».

Juillet 2003 Création de l'unité Contrôle et Prévention. Cette unité vérifie la réalité des prestations du travail, que toutes les prestations réalisées ont donné lieu au versement des cotisations par l'employeur, et qu'il n'y a pas d'abus de « CDD d'usage ».

Janvier 2004 À compter du 1er janvier, l'adhésion au Guso devient obligatoire pour tous les employeurs qui n'ont pas pour activité principale ou pour objet le spectacle vivant.

Janvier 2009 Création de Pôle emploi, né de la fusion entre l'Assedic et l'ANPE.

Quand peut-on appliquer la cotisation forfaitaire ?

Les employeurs relevant du Guso ont la possibilité de payer, pour l'emploi des seuls artistes du spectacle qu'ils rémunèrent et au titre des cotisations et contributions de sécurité sociale ainsi que de la contribution FNAL, une cotisation forfaitaire si certaines conditions sont réunies. Ces conditions sont les suivantes : les artistes du spectacle doivent être employés par une personne physique ou morale qui n'est pas inscrite au registre du commerce ; l'employeur n'est pas titulaire d'une licence d'entrepreneur de spectacle ; l'activité principale de l'employeur ne consiste pas à organiser de façon permanente, arégulière ou saisonnière des manifestations artistiques. En conséquence, l'organisateur de festivals (collectivité locale ou association) qui recourt à une infrastructure dont la mission consiste, pour une durée saisonnière, régulière ou permanente, à produire des spectacles, est exclu du champ d'application de l'assiette forfaitaire. Enfin, le cachet versé à l'artiste du spectacle doit être inférieur, par représentation, à 25% du plafond mensuel de la sécurité sociale en vigueur au 1er janvier de l'année, soit 715 € pour l'année 2009. Le seuil de 25% est apprécié avant application de la déduction forfaitaire spécifique pour frais professionnels.

LA SIMPLIFICATION

La déclaration unique et simplifiée des cotisations sociales
et contrat de travail à retourner au Guso.

LA SIMPLIFICATION

ATTESTATION DE PERIODE D'ACTIVITE
Décembre 2008 page 1 et dernière

EMPLOYEUR	SALARIE

Prestation : Du 14/11/2008 au 14/11/2008 - COMEDIENNE, ARTISTE, Non cadre
Salaire brut avant abattement : 212,29 EUR, Taux d'abattement : 25%, 1 jour(s), 1 cachet(s)

Avantage en nature : 0,00 EUR, Frais Professionnels : 0,00 EUR
Salaire net à payer : 185,00 EUR, Salaire net imposable : 238,07 EUR

	Assiette	PART SALARIALE		PART PATRONALE		TOTAL
		Taux	Montant	Taux	Montant	
URSSAF						
Forfait	0,00	0,000	13,00	0,000	40,00	53,00
Total URSSAF			13,00		40,00	53,00
RAC-Assedic						
RAC-TA	159,22	3,800	6,05	7,000	11,15	17,20
Total RAC-Assedic			6,05		11,15	17,20
AUDIENS						
IRPS ARRCO T1	159,22	4,370	6,97	4,370	6,97	13,94
IRPS ARRCO T2	0,00	10,000	0,00	10,000	0,00	0,00
AGFF TR1	159,22	0,800	1,27	1,200	1,91	3,18
AGFF TR2	0,00	0,900	0,00	1,300	0,00	0,00
Total AUDIENS			8,24		8,88	17,12
AFDAS						
Form. continue	159,22	0,000	0,00	2,150	3,42	3,42
TVA	3,42	0,000	0,00	19,690	0,67	0,67
Total AFDAS			0,00		4,09	4,09
Congés Spectacle						
Congés payés	212,29	0,000	0,00	14,500	30,78	30,78
Total Congés Spectacle			0,00		30,78	30,78
CMB						
Medecine trav.	212,29	0,000	0,00	0,320	0,68	0,68
TVA	0,68	0,000	0,00	19,690	0,13	0,13
Total CMB			0,00		0,81	0,81
Total en Euros			27,29		95,71	123,00

Cette attestation se substitue à la remise du bulletin de paie prévue par l'article L. 3243-2 13ème alinéa du Ch de l'article L. 7122-6 du code du travail) remplaçant respectivement les articles L. 143-3 et L. 620-9 du code du travail à/c du 01/05/08). Document à conserver sans limitation de durée.

Les services du GUSO pour gagner du temps...
Site internet http://www.guso.com.fr
Pour joindre un gestionnaire de compte, appeler le numéro N°AZUR 0810 863 342*
*Prix d'un appel local depuis un poste fixe.

Charamond, le 23 Janvier 2009

Références à rappeler :
N° Affiliation Guso:
NIR :
Concerne :

Objet : **Attestation mensuelle d'emploi**

Madame,

Veuillez trouver ci-joint l'attestation des périodes d'activité reçues par le Guso.

Les périodes d'activités sont attestées avec un décalage d'un mois par rapport au mois concerné.

Il vous appartient de conserver ce document sans limitation de durée, celui-ci pouvant être demandé par différents organismes.

Pour les Congés Spectacles, nous vous rappelons que vous devrez joindre à votre demande de congé tous les feuillets qui vous ont été remis pour les activités réalisées entre le 01/04/2008 et le 31/03/2009.

Si votre employeur "particulier" a choisi de ne pas cotiser aux Congés Spectacles, il doit verser une indemnité compensatrice de congés payés de 10% du total (salaire brut + avantages en nature). Cette indemnité est soumise à cotisations et est intégrée dans le salaire net versé.

Veuillez agréer, Madame, nos salutations distinguées.

Le Directeur Régional

Guso
TSA 20134 69942 LYON CEDEX 20
Tél : 08 10 863 342 Fax : 04 50 33 94 50 Ouvert de 9H à 17H

LA SIMPLIFICATION

Ils utilisent le Guso. Leur avis, leur témoignage.

André Bargues, maire de Marminiac, président de l'Association Départementale de Développement des Arts (ADDA) du Lot

« Auparavant, les employeurs occasionnels ne connaissaient pas la législation et s'en remettaient aux artistes. Certains artistes se formaient en association et disaient à l'employeur qu'ils leur établiraient des factures, qui neuf fois sur dix, étaient fausses. D'autres voulaient travailler sans être déclarés, ou demandaient uniquement des cachets et le paiement des cotisations pour l'Assurance chômage. L'employeur payait toujours l'Ursaff, les cotisations Assédic, mais oubliait le reste. Il fallait établir un formulaire par caisse et par artiste, ce qui pouvait constituer un obstacle. Les organisateurs se laissaient alors convaincre par des artistes qui proposaient des solutions plus pratiques, moins coûteuses aussi, mais dangereuses. Dès la création du Guso, j'ai conseillé à toutes les associations de passer par lui, car il permet d'établir un contrat de travail, un bulletin de salaire, une Déclaration automatisée des données sociales unifiée (DADS-U), et d'acquitter les cotisations pour toutes les caisses. Ce système est plus simple, mais il oblige à effectuer une démarche. Un important travail de sensibilisation et d'information reste à mener auprès des employeurs. Il doit surtout être renouvelé chaque année, car les responsables associatifs changent souvent et l'information n'est pas toujours transmise. Le point noir concerne la Déclaration préalable à l'embauche (DPAE), qu'un employeur sur deux ne remplit pas. Ceci peut avoir de graves conséquences en cas d'accident du travail, ou sur le trajet qui mène du domicile au travail. On se heurte aussi au problème de budgets rencontré aujourd'hui par les associations. Elles disposent de moins de moyens financiers et humains, les subventions se font de plus en plus rares, les gens dépensent moins d'argent lors des fêtes qui sont organisées. De nombreuses associations sont alors tentées de contourner la loi pour payer moins cher les artistes. Toutes n'ont pas conscience des risques qu'elles prennent. J'essaye aussi de convaincre les élus, je propose aux maires des formations sur ce thème, car les collectivités sont responsables de ce qui se passe dans l'espace public. Mais les élus restent assez timides sur le sujet, en prétextant qu'il ne faut pas trop ennuyer les associations, qui sinon n'organiseront plus de manifestations. C'est une attitude totalement irresponsable. »

PROPOS RECUEILLIS PAR MARIE-AGNÈS JOUBERT

LA SIMPLIFICATION

Patrick Soum, magicien

« La création du Guso nous a énormément facilité la tâche, puisque désormais les six caisses de cotisation sont regroupées. Auparavant, il manquait toujours un papier. Nous avions le document pour l'Ursaff, l'attestation Assédic, mais souvent l'employeur oubliait le reste : les Congés Spectacles, la formation professionnelle, la retraite, etc. C'était très compliqué de collecter tous les papiers. On se retrouvait alors devant le fait accompli et on ne bénéficiait que d'une couverture partielle. La plupart des employeurs ne se rendaient pas compte qu'ils étaient dans l'illégalité. Il a fallu argumenter pour qu'ils le comprennent. Aujourd'hui, la situation a un peu évolué, mais beaucoup connaissent mal notre métier, ne s'y intéressent pas trop et considèrent que c'est à l'artiste de se débrouiller. Dans de nombreux cas d'ailleurs, je m'occupe des démarches. Je leur explique la procédure à suivre, leur indique quels sont les papiers à envoyer et à quelle personne. Je fais systématiquement une simulation en ligne avec l'outil du Guso, afin de connaître le coût employeur, les charges sociales, le net salarial et le brut, et informer l'employeur de ce que ma prestation va lui coûter. Je mentionne tout cela sur un contrat annexe que j'envoie très souvent en plus de la Déclaration unique et simplifiée (DUS). Grâce au Guso, les employeurs acquittent toutes les cotisations. Mais tous ne remplissent pas la Déclaration préalable à l'embauche (DPAE) ou omettent de la renvoyer comme ils doivent le faire au moins le jour du gala, si ce n'est deux ou trois jours avant. Or, c'est la déclaration la plus importante à effectuer afin que l'employeur comme l'employé soient couverts en cas d'accident du travail. »

Séverine Lacourcelle, assistante de direction à l'association Maison pour tous de Sainte-Savine (Aube)

« L'association emploie fréquemment des artistes durant l'année, dans le cadre de festivals et une fois par mois pour des thés dansants. Avant d'arriver à ce poste et d'être formée, je savais que les artistes possédaient un statut particulier, mais j'ignorais la procédure à suivre lors d'une embauche. En tant qu'employeur, on pense surtout aux cotisations Urssaf, par exemple. Je n'avais pas conscience que la déclaration permettait également aux artistes d'avoir accès à la formation et à des congés payés. J'ignorais qu'une caisse particulière gérait ces congés. Le fait de passer par le Guso simplifie l'ensemble des formalités à accomplir. J'utilise systématiquement l'outil en ligne pour effectuer une simulation, connaître le montant des charges et voir ainsi ce que l'embauche va coûter à l'association. Je remplis ensuite la Déclaration préalable à l'embauche (DPAE) sur Internet, et la Déclaration unique et simplifiée (DUS) sur papier. Lorsque j'ai besoin d'un renseignement complémentaire, j'appelle la plate-forme téléphonique. Le salarié est assuré de bénéficier d'une couverture sociale complète, et nous, d'être dans la légalité. »

LE TRAVAIL ILLÉGAL

LE TRAVAIL ILLÉGAL DANS LE SPECTACLE

Comme dans d'autres secteurs d'activité, le travail illégal dans le domaine du spectacle est sévèrement réprimé par la loi.

En tant qu'employeur direct

Vous êtes une entreprise de spectacles, une collectivité territoriale, un cabaret, un café-concert, un restaurant proposant un spectacle, un particulier ou une association, et agissez en tant qu'employeur direct. Vous pouvez être mis en cause pour :
- dissimulation de salariés ou d'heures travaillées
À titre d'exemples, vous risquez d'être poursuivi si : vous êtes une société commerciale et faites appel à des bénévoles ; vous déclarez un salarié pour une représentation sur deux et/ou ne déclarez pas les répétitions ; vous ne mentionnez pas sur le bulletin de paie les dépassements d'horaire. Enfin, un artiste du spectacle étant présumé salarié, si vous employez un travailleur indépendant dans les conditions d'une relation salariale, vous pouvez être accusé de dissimulation de salariés par utilisation de faux statuts.
- dissimulation d'activité. Par exemple, vous exercez le métier d'entrepreneur de spectacles sans déclarer votre activité.
- emploi d'étrangers sans titre de travail.

En tant que prestataire technique ou autre prestataire de services

Vous êtes concerné par les mêmes infractions que celles auxquelles peut s'exposer un employeur direct (voir ci-dessus). S'y ajoutent des infractions liées à la sous-traitance : prêt illicite de main-d'œuvre ou marchandage.

Enfin, sachez que si en tant qu'employeur direct vous avez recours à un prestataire de services ou un sous-traitant, une solidarité s'applique, dans certains cas, entre vous et lui. Vous pourrez ainsi être mis en cause pour des infractions commises *avec* votre cocontractant (prêt illicite de main-d'œuvre ou marchandage) et *par* votre cocontractant (travail dissimulé ou emploi d'étrangers sans titre de travail).

LE TRAVAIL ILLÉGAL

En tant qu'artiste, technicien ou personnel administratif

Lorsque vous acceptez de travailler sans être déclaré, vous vous exposez à des risques importants et encourez des poursuites. En effet, non seulement vous n'ouvrez pas de droits liés au travail (maladie, chômage, congés payés, retraite) mais pouvez également être poursuivi pour fraude à Pôle emploi et/ou organismes de protection sociale s'il est établi que vous avez procédé à de fausses déclarations pour obtenir des allocations auxquelles vous n'aviez pas droit. Avant de signer un contrat de travail, il convient donc d'en vérifier attentivement l'objet, la durée, et le statut sous lequel vous êtes employé.

Les sanctions encourues

Sur le plan pénal, le travail dissimulé constaté dans votre entreprise ou celle d'un de vos sous-traitants vous fait encourir jusqu'à trois ans d'emprisonnement et/ou 45 000 € d'amende et 225 000 € d'amende pour la personne morale. Si vous employez un étranger hors Espace économique européen dépourvu de titre de travail, vous risquez une peine de cinq ans de prison et/ou 15 000 € d'amende (prononcée autant de fois que d'étrangers employés de façon irrégulière) et 75 000 € d'amende pour la personne morale. En cas de prêt illicite de main-d'œuvre ou marchandage, l'entreprise prêteuse comme l'utilisatrice sont poursuivies. La loi prévoit jusqu'à deux ans d'emprisonnement et/ou une amende de 30 000 € pour la personne physique et de 150 000 € pour la personne morale. Des peines complémentaires concernent la diffusion de la décision prononcée, l'interdiction d'exercer et/ou l'exclusion des marchés publics durant cinq ans ou plus.

Sur le plan civil, les donneurs d'ordres peuvent être tenus, solidairement avec leurs cocontractants, et sous certaines conditions, au paiement : des impôts, taxes et cotisations obligatoires ; des rémunérations, indemnités et charges dues par ceux-ci pour travail dissimulé ; des contributions, spéciales et forfaitaires, dues pour l'emploi d'étrangers sans titre de travail. Par ailleurs, les exonérations de cotisations sociales peuvent être annulées en cas de travail dissimulé, de même que le bénéfice des taux réduits de cotisations.

Enfin, des sanctions administratives sont prévues. Dès qu'un procès-verbal est dressé pour travail illégal, l'autorité administrative (collectivités territoriales, CNC, DDTEFP, Culture, Drac, Pôle emploi) peut refuser l'octroi d'aides publiques et/ou de subventions pour cinq ans ou plus.

Deux exemples d'affaire

• *La justice des Pyrénées-Orientales condamne un intermittent du spectacle pour fraude aux Assedic.* Le 23 octobre 2008, le Tribunal de Grande Instance de Perpignan a condamné un intermittent du spectacle à rembourser 13 289 euros à l'Assedic pour avoir établi de fausses déclarations.

LE TRAVAIL ILLÉGAL

Ce à quoi vous devez être attentif

Les contrats de travail
Vous devez veiller à la signature effective du contrat par le salarié avant tout commencement de son exécution. Transmettez-lui ce contrat de travail, signé par les deux parties, dans les 48 heures qui suivent l'embauche.

La licence d'entrepreneur de spectacles
Vérifiez la détention de la licence de spectacles pour les employeurs du spectacle vivant.

Les contrats de prestation de services
Lorsque vous avez recours à une prestation de services, vérifiez, avant de passer un contrat avec une entreprise, que celle-ci est bien inscrite au registre obligatoire dont elle relève. S'il s'agit d'une association, assurez-vous qu'elle dispose d'un numéro de SIRET l'autorisant à employer du personnel salarié. Faites établir un devis précis avant le début de la prestation, puis vérifiez que votre cocontractant sera en mesure d'exécuter celle-ci dans les délais fixés (méfiez-vous des devis irréalistes en termes de prix ou de délais !). Les relations qui vous unissent à un prestataire doivent être formalisées dans un contrat de sous-traitance ou de prestation de services. Dans ce contrat, prévoyez que le prestataire vous informe ou obtienne votre accord avant de solliciter lui-même un sous-traitant pour réaliser tout ou partie de la prestation. Si votre cocontractant est établi à l'étranger, rappelez-lui qu'il doit procéder à une Déclaration préalable de détachement temporaire auprès de l'Inspection du travail du lieu où s'effectue la prestation (dans le cas d'une tournée, il s'agit du lieu de la première prestation), et à une déclaration d'hébergement collectif auprès de la préfecture. Pendant toute la durée de la prestation, ses salariés seront soumis à la législation française.

En tant que prestataire de services, vous établirez un devis précis avant le début des travaux et conclurez un contrat de sous-traitance indiquant avec précision le contenu de la prestation, son coût et le délai de réalisation. Sur les devis et factures devront figurer votre numéro d'inscription au registre obligatoire, ou votre numéro de SIRET si vous êtes une association et employez du personnel salarié. Si vous envisagez de sous-traiter la prestation, vous en informerez votre cocontractant ou (selon ce que prévoit le contrat) obtiendrez son autorisation.

Les faits se déroulent en décembre 2005 dans la région Languedoc-Roussillon. Le dossier d'un salarié intermittent du spectacle est contrôlé par l'Assedic. Celle-ci constate des anomalies sur plusieurs déclarations d'embauche : l'adresse de l'employeur est identique à celle du salarié. Bien entendu, rien n'interdit aux intéressés d'habiter à la même adresse. Mais l'Assedic doit s'assurer que le salarié et l'employeur ne sont pas une seule et même personne. Si tel était le cas, la prestation de travail serait non avenue puisque la loi exige un lien de subordination entre les deux.

L'Assedic transmet ensuite le dossier au Centre National Cinéma Spectacle (CNCS) pour des investigations complémentaires. Après quelques recherches, le CNCS découvre que ce

LE TRAVAIL ILLÉGAL

salarié est président de deux associations. Bien que la loi le lui interdise, il s'est déclaré à de nombreuses reprises comme salarié de ses propres associations. Pour dissimuler son statut de président, il faisait signer ses déclarations à son secrétaire.
L'Assedic a donc remis en cause le droit aux allocations du salarié-président et a déclenché un indu de 13 289 euros. Le fraudeur a demandé l'annulation de cet indu en commission paritaire mais s'est vu opposer un refus. Sans réponse après l'envoi de plusieurs mises en demeure, l'Assedic l'a assigné le 9 août 2007 afin d'obtenir le remboursement des allocations perçues à tort.
Le 23 août 2008, le TGI de Perpignan a déclaré le salarié coupable de fausses déclarations. Il l'a condamné à rembourser les 13 289 euros d'allocations perçues illégalement. Le TGI a appliqué l'article L. 351-17 du Code du travail stipulant que : «*le droit au revenu de remplacement s'éteint [...] en cas de fraude ou de fausse déclaration*».

- **Une fraude aux Assedic de plus de 60 000 euros.** Dans son jugement en appel du 20 août 2008, le Tribunal de Grande Instance d'Aix-en-Provence a condamné un salarié à rembourser 36 978,70 euros d'allocations chômage perçues indûment. En juin 2007, le Tribunal condamnait, en première instance, la sœur de ce salarié pour les mêmes motifs et pour un montant qui s'élevait à 26 397,74 euros.
Une association basée à Marseille emploie régulièrement deux salariés, un frère et une sœur. Depuis plusieurs années, ceux-ci multiplient les contrats à durée déterminée et sont embauchés sur des périodes d'emploi qui n'excèdent jamais deux ou trois jours. Travaillant en qualité d'artistes, ils sont indemnisés par l'Assurance chômage au titre du régime applicable aux intermittents. Jusqu'ici, rien de condamnable.
Le problème se pose lorsque l'Assedic procède à une étude approfondie de la situation des deux salariés apparentés. On y découvre que depuis 1999, leur seul et unique employeur est l'association marseillaise. Chose surprenante, celle-ci ne détient pas la licence d'entrepreneur de spectacles pourtant obligatoire lorsqu'il y a embauche d'intermittents du spectacle. Autre détail, le président de l'association est bien connu des deux salariés : il s'agit de leur propre père.
Pour l'Assedic, les faits sont clairs : les deux salariés ont été indemnisés au titre du régime applicable aux intermittents du spectacle alors qu'ils n'en avaient pas le droit. En effet, l'association ne pouvait embaucher aucun salarié en qualité d'artiste intermittent parce qu'elle ne détenait pas la licence adéquate. Celle-ci est attribuée par la Direction Régionale des Affaires Culturelles (Drac) aux structures qui ont une activité artistique. Les statuts de l'association incriminée sont clairs : son objet est «l'initiation, l'enseignement, et le perfectionnement de chacun de ses membres, l'aide administrative et l'aide à l'insertion».
Pas question pour la Drac Provence-Alpes-Côte d'Azur de lui accorder une licence.
En conséquence, le 19 juin 2006, l'Assedic met en demeure le frère et la sœur de lui rembourser respectivement 36 978,70 et 26 397,74 euros au titre des trop perçus pour les années 2003, 2004 et 2005. Le 14 juin 2007, tous les deux sont condamnés par le Tribunal de Grande Instance d'Aix-en-Provence. Le frère fait appel de la décision. Cette dernière sera confirmée le 20 août 2008.

ANNEXES

UN PEU DE JURISPRUDENCE

Est ici présentée une sélection de décisions des tribunaux concernant l'engagement d'artistes, avec un résumé de chaque affaire.

Présomption de salariat

Tout contrat par lequel une personne s'assure, moyennant rémunération, le concours d'un artiste en vue de sa production, est présumé être un contrat de travail (art. L. 7121-3 et ss. du Code du travail).

Dans cette affaire, deux artistes de variétés avaient été engagés par une association pour une soirée. Aucune déclaration n'avait été effectuée, aucun bulletin de salaire ni certificat de travail remis aux artistes.

Un premier jugement avait débouté les artistes de leurs demandes au motif qu'il n'y avait pas de contrat de travail mais une prestation de service, en raison de l'absence de lien de subordination, de l'utilisation par les salariés de leur propre matériel et des irrégularités que présentait le contrat. La Cour de cassation a cassé le jugement, rappelant la présomption de salariat des artistes et ce, quelle que soit la qualification du contrat passé avec l'employeur et même si les artistes sont propriétaires de leur matériel.

Cass. social 19 mai 1998, Floch c/Ass. « Les amis de Treigneux ».

La présomption de salariat n'interdit pas à l'artiste de démontrer l'existence d'une relation de travail dans un lien de subordination.

Un artiste a mis fin à sa collaboration avec quatre musiciens qui avaient joué dans son orchestre. Ces derniers ont saisi la juridiction prud'homale pour obtenir des indemnités de rupture.

Après avoir constaté que l'artiste décidait du recrutement des musiciens, leur donnait des instructions précises et exerçait sur eux un pouvoir de direction et de surveillance, et qu'il avait pris seul la décision de mettre fin à la collaboration des quatre musiciens, une Cour d'appel a relevé l'existence d'un lien de subordination caractérisant le contrat de travail de chacun des musiciens à l'égard de celui-ci.

Cass. soc. 19 décembre 2007, Pagès c/ Hapulat et a.

Le fait que le contrat de travail commun à plusieurs artistes ne mentionne pas le nom de chacun des artistes n'entraîne pas l'exclusion de la présomption de salariat.

Contrairement aux prescriptions de la loi, le contrat collectif signé pour un ensemble artistique ne mentionnait pas, dans cette affaire, le nom de chacun des interprètes, ces derniers étant étrangers. Les juges ont estimé que cela n'était pas de nature à exclure la présomption légale de contrat de travail entre l'organisateur de spectacles et les artistes

ANNEXES

y participant. Comme le spectacle était organisé en France, la présomption instituée par le Code du travail était pleinement applicable.

Cass. soc. 1er octobre 1992, Festival international du musique de Besançon et a. c/ Caisse des Congés Spectacles.

> *La présomption de salariat pour les artistes est une présomption simple qu'il appartient à celui qui la conteste de renverser.*

Après avoir constaté qu'un réalisateur avait perçu des rémunérations pour son activité artistique, une Cour d'appel en a déduit, à juste titre, que le contrat était présumé être un contrat de travail par application du Code du travail dès lors que la société l'employant n'avait pas apporté la preuve contraire pour exclure cette présomption.

Cass. soc. 5 mars 2003, Sté Production audiovisuel de communication c/ Decharme.

> *Le fait qu'un contrat d'engagement collectif soit signé par l'un des artistes agissant en qualité de mandataire n'implique pas de rapport de subordination entre cet artiste et les autres participants au spectacle.*

Le contrat de travail peut être commun à plusieurs artistes lorsque ceux-ci se produisent dans le même numéro ou font partie du même ensemble instrumental. Ce contrat est alors signé par l'un d'entre eux qui agit en qualité de mandataire dûment habilité à cet effet par les autres artistes.

La Cour d'appel n'a pas donné de base légale à sa décision d'accorder aux musiciens des indemnités de rupture de contrat de travail contre l'artiste qui avait signé le contrat de travail, aux prétendus motifs que celle-ci était le véritable employeur. Ni le fait que, dans le cadre des contrats communs qu'elle signait avec les organisateurs, cette artiste ait fourni aux dits organisateurs les éléments permettant d'établir les bulletins de paie des musiciens, ni le fait qu'elle ait précisé pour chacun le montant de la rémunération leur revenant, ni, enfin, le fait que les contrats de deux musiciens aient été rompus à sa demande, ne détruise, à défaut de preuve d'un rapport de subordination entre les deux musiciens et l'artiste, la présomption de contrat de travail entre les organisateurs de spectacles et les artistes y participant.

Cass . soc. 9 avril 1996, Torr c/ Dusé et a.

> *Le contrat d'artiste est présumé être un contrat de travail sauf s'il existe, à bon droit, une inscription au Registre du commerce et des sociétés.*

Aux termes de l'article L. 7121-3 du Code du travail, tout contrat par lequel une personne s'assure, moyennant rémunération, le concours d'un artiste en vue de sa production, est présumé être un contrat de travail dès lors que cet artiste n'exerce pas son activité dans des conditions impliquant son inscription au Registre du commerce et des sociétés. Cette présomption subsiste quels que soient le mode et le montant de la rémunération, ainsi que la qualification donnée au contrat par les parties. Elle n'est pas non plus détruite par le fait que l'artiste emploie lui-même une ou plusieurs personnes pour le seconder, dès lors qu'il participe personnellement au spectacle.

ANNEXES

Dans cette affaire, une Cour d'appel avait déclaré la juridiction prud'homale incompétente au profit du Tribunal de commerce. Un artiste, représentant une troupe de trois personnes, avait conclu un contrat, qu'il avait lui-même préparé et qui était intitulé «convention d'animation de camping». Il avait présenté des factures en contrepartie de la prestation artistique fournie, ce qui était incompatible avec le statut de salarié. La prestation avait en outre été soumise au paiement de la TVA. L'artiste n'avait pas cité nominativement chacun des deux artistes se produisant avec lui et s'était également abstenu de préciser le montant de la rémunération attribuée à chacun deux. Il s'était présenté comme responsable de la troupe mais n'avait justifié d'aucun mandat écrit de la part des deux autres artistes. Enfin, il réclamait non pas la part du salaire lui revenant, après déduction du salaire des deux autres artistes, mais la totalité du solde de la facture.

La Cour d'appel a ensuite retenu que l'artiste s'était présenté comme l'employeur des deux autres artistes, qu'il avait trompé la bonne foi de son cocontractant et qu'il devait donc être considéré comme étant intervenu en qualité de coorganisateur de spectacles avec la société de camping et qu'à ce titre il aurait dû être inscrit au Registre du commerce et des sociétés.

La Cour de cassation a considéré que la Cour d'appel avait, par sa décision, violé l'article L. 762-1 du Code du travail (aujourd'hui l'article 7121-3).
Cass. soc. 20 septembre 2006, Lavaut c/ Sté Agde Camping.

Rémunération des artistes

Les sommes perçues par un artiste n'ont le caractère de salaire que si elles sont directement liées à la présence physique de l'artiste.

Les « royalties » dues à des comédiens ayant participé au tournage de films publicitaires doivent être exclues de l'assiette des cotisations de sécurité sociale dès lors que ces sommes leur ont été versées à l'occasion des diffusions ultérieures de ces films. Une Cour d'appel avait, à bon droit, relevé au préalable que si cette redevance, correspondant généralement à dix passages du film, est parfois payée dès le premier passage, il s'agit d'un procédé de simplification comptable tenant du fait que le nombre de passages est le plus souvent supérieur à dix et qu'en revanche, si le film n'est pas diffusé, la redevance fait l'objet d'un reversement. De tels éléments établissent que cette redevance dépend de l'exploitation de l'enregistrement et rentre, dès lors, dans les prévisions de l'article L. 7121-8 du Code du travail excluant de l'assiette des cotisations les pourcentages versés aux artistes sur la vente et la diffusion de leurs œuvres.
Cass. soc. 8 juin 1983, Urssaf de Paris c/ SARL Clapboard International

Les sommes perçues à l'occasion de la vente ou de l'exploitation de l'enregistrement de l'interprétation de l'artiste, dès lors que sa présence physique n'est plus requise, ne doivent pas être considérées comme des salaires.

Un producteur a fait appel à des musiciens-interprètes pour enregistrer la partie musicale

ANNEXES

de l'un de ses spectacles. Il a ensuite conclu avec une société un accord aux termes duquel, en contrepartie de l'autorisation qui lui était consentie de diffuser les enregistrements, il s'engageait à verser à cette société une rémunération qu'elle reversait aux intéressés, distincte du cachet versé par la production aux artistes en contrepartie de leur participation à l'enregistrement en leur présence physique.

C'est à tort qu'une Cour d'appel a estimé que la créance que la société détenait à l'encontre du producteur avait le caractère de salaire.

Cass. soc. 21 juin 2004, SA Bal du Moulin rouge c/ Spedidam et a.

La rémunération de l'artiste-interprète au titre de la cession de ses droits sur l'œuvre doit être distincte de la rémunération de sa prestation artistique.

Selon l'article L. 212-4 du Code de la propriété intellectuelle, le contrat conclu entre un artiste-interprète et un producteur vaut présomption de cession de droits de l'artiste-interprète pour la fixation, la reproduction et la communication de sa prestation et il doit fixer une rémunération distincte pour chaque mode d'exploitation de l'œuvre.

Il en résulte que la rémunération de l'artiste-interprète au titre de la cession de ses droits sur l'œuvre doit être distincte de la rémunération de sa prestation artistique.

Cass. soc. 10 février 1998, SARL Coccinelle c/ Chaudat.

ANNEXES

Grilles de cotisations et contributions sociales

INTERMITTENTS DU SPECTACLE ARTISTES
Au 1er juin 2009

	BASE	PART SALARIALE	PART PATRONALE	TOTAL
À VERSER À L'URSSAF				
CSG déductible ❶a)	Base CSG ❷	5,10	-	5,10
CSG non déductible et CRDS ❶a)	Base CSG ❷	2,90	-	2,90
Assurance maladie ❶b)	totalité après abattement	0,53 ❸	8,96	9,49
Contribution solidarité	totalité après abattement	-	0,30	0,30
Assurance vieillesse plafonnée	tranche A après abattement	4,66	5,81	10,47
Assurance vieillesse déplafonnée	totalité après abattement	0,07	1,12	1,19
Allocations familiales	totalité après abattement	-	3,78	3,78
Accident du travail	totalité après abattement	-	1,40	1,40
Aide au logement FNAL	tranche A après abattement	-	0,07	0,07
Aide au logement FNAL (≥ 20 salariés)	totalité après abattement	-	0,28	0,28
Versement transport (> 9 salariés)	totalité après abattement	-	variable ❹	
Taxe prévoyance (> 9 salariés)	cot. prévoyance patronale	-	8,00	8,00
À VERSER AU PÔLE EMPLOI SERVICES / CENTRE DE RECOUVREMENT CINÉMA SPECTACLE				
Chômage	tranches AB après ab.	3,80	7,00	10,80
Fonds garantie des salaires AGS	tranches AB après ab.	-	0,20	0,20
À VERSER À AUDIENS ❺				
Retraite complémentaire ❻	tranche 1A annuelle après ab.	4,375	4,375	8,75
Retraite complémentaire ❻	tranche 2 annuelle après ab.	10,00	10,00	20,00
Prévoyance santé cadres (taux minimum)	tranche A après ab.	-	1,50	1,50
Prévoyance santé non cadres (taux minimum)	tranche A après ab.	-	0,42 ❿	0,42
AGFF tranche 1	tranche 1A annuelle après ab.	0,80	1,20	2,00
AGFF tranche 2	tranche 2 annuelle après ab.	0,90	1,30	2,20
À VERSER AUX CONGÉS SPECTACLES				
Congés spectacles	❾ totalité avant abattement	-	14,70	14,70
À VERSER À L'AFDAS				
Formation continue	totalité après abattement	-	2,15 ❼	2,15
À VERSER AU CMB				
Médecine du travail	totalité après abattement	-	0,32 ❽	0,32

❶ Pour les salariés non domiciliés fiscalement en France
a) CSG et CRDS non dues. b) Part salariale de 3,85%.
❷ Base CSG : 97% du salaire brut total avant abattement
+ 97% cotisation prévoyance patronale pour les cadres artistiques.
❸ En Alsace-Moselle, une cotisation supplémentaire
de 1,12% est due par les artistes intermittents.
❹ Entreprises de plus de 9 salariés en Île-de-France et
dans certaines agglomérations de plus de 10 000 habitants.
❺ Pour les cadres artistiques (maîtres de ballet, metteurs
en scène, chefs d'orchestre), se référer aux intermittents
non artistes ou au cas général.

❻ Les taux de retraite complémentaire sont variables selon
le secteur d'activité et selon la convention collective applicable.
Les taux indiqués correspondent au taux minimum du spectacle vivant. Voir ❼ b, intermittents du spectacle (hors artistes).
❼ TVA à 19,6% en sus appelée sur le bordereau de cotisation,
pour toutes les entreprises assujetties ou non assujetties.
❽ TVA en sus appelée sur le bordereau de cotisation
(CMB : Centre médical de la Bourse).
Appel de cotisation par Audiens.
❾ Limité à des plafonds journaliers selon l'emploi et l'entreprise.
❿ Taux minimum de 0,42% voire plus dans certains secteurs.

ANNEXES

INTERMITTENTS DU SPECTACLE HORS ARTISTES
Au 1er juin 2009

	BASE	PART SALARIALE	PART PATRONALE	TOTAL
À VERSER À L'URSSAF ❷				
CSG déductible ❶a)	Base CSG ❸	5,10	-	5,10
CSG non déductible et CRDS ❶a)	Base CSG ❸	2,90	-	2,90
Assurance maladie ❶b)	totalité	0,75 ❹	12,80	13,55
Contribution solidarité	totalité	-	0,30	0,30
Assurance vieillesse plafonnée	tranche A	6,65	8,30	14,95
Assurance vieillesse déplafonnée	totalité	0,10	1,60	1,70
Allocations familiales	totalité	-	5,40	5,40
Accident du travail	totalité	-	variable ❺	-
Aide au logement FNAL	tranche A	-	0,10	0,10
Aide au logement FNAL (≥ 20 salariés)	totalité	-	0,40	0,40
Versement transport (> 9 salariés)	totalité	-	variable ❻	
Taxe prévoyance (> 9 salariés)	cot. prévoyance patronale	-	8,00	8,00
À VERSER AU PÔLE EMPLOI SERVICES / CENTRE DE RECOUVREMENT CINÉMA SPECTACLE				
Chômage	tranches AB	3,80	7,00	10,80
Fonds garantie des salaires AGS	tranches AB	-	0,20	0,20
À VERSER À AUDIENS				
Retraite compl non-cadres (ARRCO) ❼	tranche A annuelle	3,75	3,75	7,50
Retraite compl non-cadres (ARRCO) ❼	tranche 2 annuelle	10,00	10,00	20,00
Retraite compl cadres (AGIRC) ❼	tranche A	3,75	3,75	7,50
Retraite compl cadres (AGIRC) ❼	tranches B et C	7,70	12,60	20,30
Prévoyance santé cadres (taux minimum)	tranche A	-	1,50	1,50
Prévoyance santé non cadres (taux minimum)	tranche A	-	0,42 ⓭	0,42
APEC ❽	tranche B	0,024	0,036	0,06
Contribution exceptionnelle temp. cadres	tranche 8A	0,13	0,22	0,35
AGFF tranche 1 ou tranche A ❾	tranche 1 annuelle ou A	0,80	1,20	2,00
AGFF tranche 2 ou tranche B ❾	tranche 2 annuelle ou B	0,90	1,30	2,20
À VERSER AUX CONGÉS SPECTACLES				
Congés spectacles ❿	totalité	-	14,70	14,70
À VERSER À L'AFDAS				
Formation continue	totalité	-	2,15 ⓫	2,15
À VERSER AU CMB				
Médecine du travail	totalité	-	0,32 ⓬	0,32

❶ Pour les salariés non domiciliés fiscalement en France :
a) CSG et CRDS non dues.
b) Part salariale de 5,5%.
❷ Dispositif d'allégement des charges : une nouvelle réduction des cotisations patronales s'applique depuis le 1er octobre 2007.
❸ Base CSG : 97% du salaire brut total + 97% de la cotisation prévoyance patronale.
❹ En Alsace-Moselle, une cotisation supplémentaire de 1,60% est due par le salarié.
❺ Le taux varie en fonction de l'activité.
❻ Entreprises de plus de 9 salariés en Île-de-France et dans certaines agglomérations de plus de 10 000 habitants.
❼ a) Les taux de retraite complémentaire sont variables selon le secteur d'activité et selon la convention collective applicable. Les taux indiqués correspondent aux taux minima hors conventions collectives.
b) Répartition spécifique pour les entreprises ayant employé leur 1er salarié à partir du 01/01/99, se renseigner auprès de votre caisse.
❽ À cette cotisation s'ajoute un versement forfaitaire annuel pour les salariés présents le 31 mars.
En 2009 : 20,58 € soit 12,35 € pour l'employeur et 8,23 € pour le salarié.
❾ Tranche 1 et tranche 2 pour les salariés non cadres. Tranche A et tranche B pour les cadres.
❿ Limité à des plafonds journaliers selon l'emploi et l'entreprise.
⓫ TVA à 19,6% en sus appelée sur le bordereau de cotisation, pour toutes les entreprises assujetties ou non assujetties.
⓬ TVA en sus appelée sur le bordereau de cotisation. Appel de cotisation par Audiens.
⓭ Taux minimum de 0,42%, voire plus dans certains secteurs.

ANNEXES

Modèle de bulletin de salaire *(Lire page 20)*

Spectacles Productions
244, rue des Plateaux
75012 PARIS
Etablissement : Spectacles Productions
N° SIRET : 400 247 342 00021
N° URSSAF : 030310675122345 PARIS
APE : 9001Z

N°SS : 1 72 06 44 047 098 / 25
Emploi : artiste musicien
Qualification :
Echelon : xxx Coefficient : xxx
Date d'ancienneté : 12/06/09

Convention collective :
Entreprises artistiques et culturelles

BULLETIN DE PAIE

Période de paie : 12/06/09 au 12/06/09
Heures travaillées : 12
Numéro d'objet : 097Z05963190

Antoine DUBOIS
32, rue des Lilas

35000 RENNES

Rubrique	Rémunération Base	Rémunération Gains	Charges salariales Taux	Charges salariales Retenues	Charges patronales Taux	Charges patronales Retenues
Cachet	250,00					
Nombre de cachets	1					
Nombre d'heures	12					
Total cachets	250,00					
SALAIRE BRUT		250,00				
Déduction forfaitaire spécifique pour frais professionnels (%)	20					
SALAIRE BRUT ABATTU	200,00					
CSG déductible	243,14		5,10	12,40		
CSG-CRDS non déductibles	243,4		2,90	7,05		
Assurance maladie	200,00		0,53	1,06	8,96	17,92
Contribution solidarité	200,00				0,30	0,60
Assurance vieillesse plaf.	200,00		4,66	9,32	5,81	11,62
Assurance vieillesse déplaf.	200,00		0,07	0,14	1,12	2,24
Aide au logement FNAL	200,00				0,07	0,14
Allocations familiales	200,00				3,78	7,56
Accidents du travail	200,00				1,40	2,80
Assurance Chômage	200,00		3,80	7,60	7,00	14,00
AGS (FNGS)	200,00				0,20	0,40
Retraite compl. ARCCO artistes	200,00		4,375	8,75	4,375	8,75
AGFF	200,00		0,80	1,60	1,20	2,40
Prévoyance santé	157,00				0,42	0,66
Congés Spectacles	250,00				14,70	36,75
Médecine du travail CMB	200,00				0,32	0,64
Formation continue AFDAS	200,00				2,15	4,30
FNAS	250,00				1,25	3,13
FCAP	250,00				0,25	0,63
Total des cotisations salariales				47,92		
Total des cotisations patronales						114,54
Remboursement frais professionnels		50,0				
NET À PAYER		252,08				
Net Imposable		209,13				

Règlement : 15/05/09
Mode de paiement : virement bancaire

DANS VOTRE INTÉRÊT, CONSERVEZ CE BULLETIN SANS LIMITATION DE DURÉE

ANNEXES

Modèle de contrat d'engagement d'artiste
(Lire page 17)

Contrat d'engagement à durée déterminée
Modèle à adapter selon les situations

ENTRE LES SOUSSIGNÉS
Raison sociale de l'entreprise :
Adresse du siège social :
Numéro de Siret :
Numéro de RCS :
Numéro de licence d'entrepreneur du spectacle :
Représentée par..., en sa qualité de...

Ci après dénommée l'EMPLOYEUR d'une part,

ET
Nom/prénom :
Pseudonyme :
Adresse :
Téléphone :
Date et lieu de naissance (département) :
Numéro sécurité sociale :
Numéro AUDIENS :
Numéro Congés Spectacles :

Ci-après dénommé l'ARTISTE d'autre part.

Le présent contrat est régi par les dispositions de la convention collective ...

IL A ÉTÉ CONVENU ET ARRÊTÉ CE QUI SUIT

Article 1 – Objet
L'ARTISTE est engagé en qualité de [artiste dramatique, lyrique, chorégraphe, musicien...]
dans le spectacle [titre de l'œuvre et nom de l'auteur]
Mis en scène par/chorégraphie de/dirigé par...
Pour y tenir le(s) rôle(s) de...
Numéro d'objet attribué par l'Unedic *(facultatif)* :

Article 2 – Durée de l'engagement
Le présent contrat est conclu :
- pour un minimum de ... répétitions [ou services de répétition] qui auront lieu entre le ... et le ... inclus.
- pour une série de représentations prévues du ... au ... inclus/à partir du...

En cas d'exploitation complémentaire, le présent contrat pourra faire l'objet d'une prolongation par avenant qui sera proposé à l'ARTISTE au plus tard le...

Article 3 – Lieu d'exécution de l'engagement
L'EMPLOYEUR communiquera à l'ARTISTE les lieux des répétitions et des représentations.

ANNEXES

Article 4 – Période d'essai (le cas échéant)
Conformément à la convention collective applicable au présent contrat, le présent contrat ne deviendra définitif qu'à l'expiration d'une période d'essai de ... jours et ... services de répétition. Pendant cette période d'essai, le présent contrat pourra être résilié à la volonté de l'une ou de l'autre des parties, sans indemnité, et à tout moment.

Article 5 – Rémunération
AU MOIS : l'EMPLOYEUR versera à l'ARTISTE un salaire mensuel brut de ... euros qui lui sera versé à chaque fin de mois civil. Les mois incomplets seront rémunérés au prorata temporis.

AU CACHET : l'employeur versera à l'ARTISTE un cachet brut de ... euros par représentation et s'engage à assurer un minimum de ... représentations.

Pendant la durée des répétitions, la rémunération brute de l'ARTISTE sera égale à ... euros par [service, mois...].

Le cas échéant, la rémunération de l'agent de l'ARTISTE par l'EMPLOYEUR devra faire l'objet d'une facture d'honoraires, mentionnant la TVA en vigueur.

Des salaires bruts sera déduite la part des cotisations sociales à la charge des salariés du secteur professionnel du spectacle.

Article 6 – Indemnisation des frais de repas et d'hébergement
SELON UN BARÈME FORFAITAIRE : Les frais de déplacement de l'ARTISTE engagés à l'occasion de ses fonctions lui seront remboursés selon un barème forfaitaire :
- frais de repas : ... euros
- frais d'hôtel et de petit déjeuner : ... euros
[Modalités de remboursement d'autres frais éventuels]

DANS LE CADRE D'UNE LIMITE MAXIMALE : Les frais de déplacement de l'ARTISTE engagés à l'occasion de ses fonctions lui seront remboursés dans la limite maximale de :
- frais de repas : ... euros
- frais d'hôtel et de petit déjeuner : ... euros
[Modalités de remboursement d'autres frais éventuels]

SELON JUSTIFICATIFS FOURNIS : Les frais de déplacement de l'ARTISTE engagés à l'occasion de ses fonctions lui seront remboursés suivant justificatifs.

Article 7 – Voyages
Les voyages, qui sont à la charge de l'EMPLOYEUR, seront effectués selon les moyens choisis par lui et suivant les modalités suivantes : ...

Il est entendu que le rapatriement sera de plein droit à la charge de l'employeur en cas d'annulation du spectacle, même pour force majeure dûment constatée.

Article 8 – Déduction forfaitaire spécifique pour frais professionnels
SI ACCEPTATION : L'ARTISTE autorise l'EMPLOYEUR à appliquer la déduction forfaitaire spécifique pour frais professionnels de ...% prévue pour sa profession de ..., dans les conditions prévues par les textes en vigueur.

SI OPPOSITION : L'ARTISTE n'autorise pas l'EMPLOYEUR à appliquer la déduction forfaitaire spécifique pour frais professionnels de ...% prévue pour sa profession de ... .

ANNEXES

Article 9 – Congés payés
L'ARTISTE aura droit aux congés payés prévus par les articles D. 762-1 et suivants du Code du travail, qui lui seront versés directement par les Congés Spectacles selon les modalités en vigueur.
À ce titre, l'EMPLOYEUR acquittera ses contributions aux Congés Spectacles conformément à la législation et dans la limite des plafonds en vigueur.

Article 10 – Répétitions - Raccords
L'ARTISTE s'engage à respecter les indications du metteur en scène (ou du chorégraphe) et à participer à toutes répétitions ou raccords que le metteur en scène (ou chorégraphe) estimera nécessaires.

Article 11 – Ponctualité
L'ARTISTE s'engage à être ponctuel, tant en ce qui concerne les répétitions que les représentations. Quel que soit le moment de son apparition sur scène, il devra se trouver sur le lieu de la représentation avant l'heure prévue pour le lever de rideau.
En tournée, l'ARTISTE est tenu de communiquer à l'Employeur les moyens de le joindre dans l'intervalle de deux représentations.

Article 12 – Absence - Maladie
En cas de maladie ou d'empêchement d'assurer une répétition ou une représentation, l'ARTISTE sera tenu d'en aviser l'EMPLOYEUR dans un délai de 24 heures en précisant la durée probable de son absence. En cas de prolongation d'arrêt de travail, l'ARTISTE devra transmettre à L'EMPLOYEUR dans les plus brefs délais le certificat médical justifiant de cette prolongation. En tout état de cause, les parties conviennent expressément qu'en cas de maladie de l'ARTISTE, le présent contrat pourra être résilié de plein droit par l'EMPLOYEUR et ce, dans le respect des dispositions de la convention collective applicable.

Article 13 – Droit de priorité et d'exclusivité
Le présent contrat donne à l'EMPLOYEUR une priorité absolue sur tous les autres engagements que pourrait conclure par ailleurs l'ARTISTE, sur la période de l'engagement. La dérogation éventuelle à cette clause devra faire l'objet d'un accord écrit de l'EMPLOYEUR.

L'ARTISTE ne pourra en aucun cas refuser sa présence à une répétition ou à une représentation pour cause d'engagement extérieur, à quelque moment qu'il ait été prévenu de l'existence de cette répétition ou représentation.

Par ailleurs, dans un délai de ... jours précédant le début des représentations, l'artiste s'interdit de se produire en public dans le cadre d'un spectacle, même à titre gracieux, sur aucune piste ou scène de la ville de ..., ni dans un rayon de ... kilomètres, sans l'autorisation formelle et écrite de l'employeur.

Article 14 – Salarié étranger
L'ARTISTE de nationalité étrangère déclare expressément être en règle ou s'oblige expressément à se mettre en règle avec la législation réglementant le séjour et le travail en France des ressortissants étrangers. Il produira les documents justificatifs à l'EMPLOYEUR avant le ..., sans que ce dernier ait à les requérir, faute de quoi le présent contrat sera résolu de plein droit.

Dans l'hypothèse où l'ARTISTE serait non-résident au sens de la réglementation fiscale en vigueur et où le régime de la retenue à la source serait applicable à la rémunération versée, l'EMPLOYEUR procédera à cette retenue sur le montant brut du salaire versé et délivrera à l'ARTISTE un certificat de retenue à la source.

ANNEXES

Article 15 – Médecine du travail
L'ARTISTE déclare avoir satisfait aux obligations relatives à la Médecine du travail et communiquera à l'EMPLOYEUR l'attestation annuelle qui lui a été délivrée par l'organisme compétent.

Article 16 – Règlement intérieur et autres instructions
L'ARTISTE s'engage :
- à se conformer aux indications portées au bulletin de service pour tout ce qui concerne les répétitions et représentations et, d'une manière générale, aux instructions données par l'EMPLOYEUR ou ses représentants ;
- à respecter le règlement intérieur de l'entreprise dont il reconnaît avoir pris connaissance, ainsi que les règlements intérieurs des établissements dans lesquels il sera amené à travailler pour le compte de l'EMPLOYEUR ;
- à communiquer à l'EMPLOYEUR les moyens de le joindre, en tournée, dans l'intervalle de deux représentations.

Article 17 – Assurances
L'ARTISTE est tenu d'assurer contre tous les risques tous les objets lui appartenant.
L'EMPLOYEUR déclare avoir souscrit les assurances nécessaires à la couverture des risques liés aux représentations du spectacle.

Article 18 – Publicité
La conception des publicités du spectacle relève de la seule autorité de l'EMPLOYEUR. Toutefois, sur les supports d'informations annonçant le spectacle pour lequel l'ARTISTE est engagé, les noms des interprètes apparaîtront conformément aux usages en vigueur dans la profession.

Article 19 – Enregistrements
Sous réserve des dispositions de la convention collective applicable au présent contrat, l'ARTISTE s'engage à assurer gratuitement les prestations nécessaires à la promotion et la publicité du spectacle : photographies, interviews, relations publiques...
De plus, l'artiste accepte de participer aux retransmissions fragmentaires du spectacle pour une diffusion dans un journal ou un magazine d'actualités générales ou une émission spécialisée dans les informations d'actualités culturelles.
Tous les enregistrements en dehors de ceux prévus à l'alinéa précédent, de tout ou partie du spectacle pour lequel l'ARTISTE est engagé, feront l'objet d'un avenant au contrat, conformément à la législation en vigueur.

Article 20 – Retraite complémentaire
Les cotisations de retraite complémentaire seront versées à : AUDIENS, 7, rue Henri Rochefort, 75017 Paris.

Article 21 – Litiges
En cas de litige portant sur l'interprétation ou l'application du présent contrat, les parties conviennent de s'en remettre à l'appréciation des tribunaux compétents, mais seulement après épuisement des voies amiables (conciliation, arbitrage).

Fait à ..., en deux exemplaires.
(En trois exemplaires si l'artiste est représenté par son agent).

ANNEXES

Le «nouveau» Code du travail

Tableau de correspondances

Un Code du travail profondément remanié est entré en vigueur le 1er mai 2008. En effet, le Code a été recodifié «à droit constant», c'est-à-dire sans modification du fond du droit, selon une logique «utilisateur». Est ici présenté un tableau permettant d'effectuer – pour une sélection d'articles intéressant les intermittents du spectacle et les employeurs – des correspondances dans les deux sens, c'est-à-dire entre les articles de l'ancien Code du travail et ceux du «nouveau» Code.

Sujet	Ancien code	Nouveau code
Partie législative		
Cas de recours au CDD	art. L. 122-1-1	L. 1242-2
Durée du CDD	art. L. 122-1-2 I alinéa 1 et III	L. 1242-7
	art. L. 122-1-2, I alinéa 2	L. 1243-13
	art. L. 122-1-2, II	L. 1242-8
	art. L. 122-3-1, alinéas 1 à 10	L. 1242-12
	art. L. 122-3-1, alinéa 11	L. 1242-13
	art. L. 122-3-13, alinéa 1	L. 1245-1
	art. L. 122-3-13, alinéa 2 phrase 1 et phrase 3	L. 1245-2
	art. L. 122-3-13, alinéa 2 phrase 2	R. 1245-1
Travail des enfants	art. L. 211-6, alinéas 1 et 2	L. 7124-1
	art. L. 211-6, alinéa 3	L. 7124-4
	art. L. 211-6, alinéa 4	L. 7124-2
Travail de nuit	art. L. 213-1-1, alinéas 1 et 2	L. 3122-29
	art. L. 213-1-1, alinéa 3	L. 3122-30
Repos hebdomadaire	art. L. 221-4, alinéa 1	L. 3132-2
	art. L. 221-4, alinéas 2 et 3	L. 3164-2
Obligation de sécurité de l'employeur	art. L. 230-2 I	L. 4121-1
Rémunération	art. L. 351-4	L. 5422-13
	art. L. 351-7	L. 5422-7
Allocations chômage	art. L. 351-12, alinéas 1 à 6	L. 5424-1
	art. L. 351-12, alinéas 7 à 9 phrase 1	L. 5424-2
	art. L. 351-12, alinéa 10	L. 5424-4
	art. L. 351-12, alinéa 11	L. 5424-3
	art. L. 351-12, alinéa 12	L. 5424-5
	art. L. 351-12, alinéa 9 phrase 2	R 5424 -1
Guichet unique	art. L. 620-9, I alinéa 1	L. 7122-22
Présomption de salariat	art. L. 762-1, alinéa 1	L. 7121-3
	art. L. 762-1, alinéa 2	L. 7121-4

ANNEXES

Sujet	Ancien code	Nouveau code
Présomption de salariat *(suite)*	art. L. 762-1, alinéa 4 phrase 2 et alinéas 5 à 7	L. 7121-7
Rémunération de l'artiste	art. L. 762-2	L. 7121-8
Licence d'agent artistique	art. L. 763-3, alinéa 1	L. 7123-12
	art. L. 763-3, alinéa 2 phrase 1	L. 7123-11
	art. L. 763-3, alinéa 2 phrase 2	L. 7123-14
Formation professionnelle	art. L. 954 alinéas 1 et 2	L. 6331-55
	art. L. 954, alinéas 3 à 6	L. 6331-56
Partie réglementaire		
Bulletin de paie	art. R. 143-2, alinéa 17	R. 3243-3
	art. R. 143-2, alinéa 18	R. 3243-4
	art. R. 143-2, alinéa 19	R. 3243-5
	art. R. 143-2, alinéas 12 et 13	R. 3243-2
	art. R. 143-2, alinéas 1 à 11 et alinéas 14 à 16	R. 3243-1
Artistes mineurs	art. R. 211-2	R. 7124-1
Médecine du travail	art. R. 241-49, I	R. 4624-16
	art. R. 241-49, II	R. 4624-17
	art. R. 241-49, III	R. 4624-18
CDD d'usage	art. D. 121-2	D. 1242-1
Congés payés	art. D. alinéas 1 et 2	D. 7121-28
	art. D. alinéas 3 et 4	D. 7121-29
	art. D. 762-2 alinéa 1	D. 7121-38
	art. D. 762-2 alinéas 2 et 4	D. 7121-39
	art. D. 762-3 alinéa 1	D. 7121-40
	art. D. 762-3 alinéa 2	D. 7121-41
	art. D. 762-3 alinéa 3	abrogé
	art. D. 762-3 alinéa 4	D. 7121-42
	art. D. 762-3 alinéa 5	D. 7121-43
	art. D. 762-4	D. 7121-44
	art. D. 762-5	D. 7121-31
	art. D. 762-6 alinéa 1	D. 7121-32
	art. D. 762-6 alinéa 2 phrase 1	D. 7121-33
	art. D. 762-6 alinéa 2 phrase 2	D. 7121-34
	art. D. 762-6 alinéa 3	D. 7121-35
	art. D. 762-7	D. 7121-36
	art. D. 762-8	D. 7121-37
	art. D. 0 alinéa 1 phrase 1	D. 7121-45
	art. D. 0 alinéa 1 phrase 2	D. 7121-46
	art. D. 0 alinéa 2	D. 7121-47

ANNEXES

Nouveaux codes NAF

Applicables depuis le 1er janvier 2008

Toute entreprise possède un code d'activité principale exercée (code APE) attribué par l'Institut national de la statistique et des études économiques (Insee), en référence à la Nomenclature statistique nationale d'activités française (NAF).

Cette nomenclature a été modifiée au 1er janvier 2008, avec des conséquences sur le code APE attribué à toutes les personnes physiques et morales inscrites au répertoire Sirene. Le code actuel de quatre caractères est ainsi abandonné au profit d'un code à cinq caractères, issu de la Nomenclature d'activités européenne (NACE) à quatre chiffres complété par une lettre pour chaque pays.

La référence au nouveau code APE doit alors obligatoirement figurer sur les bulletins de salaire. Les déclarations administratives doivent aussi faire référence à la nouvelle NAF 2008.

	SPECTACLE ET LOISIRS (EXTRAITS)		
Ancien NAF	**Activité concernée**	**Nouveau NAF**	**Activité concernée**
923A	Activités artistiques	9001Z	Arts du spectacle vivant
		9002Z	Activités de soutien au spectacle vivant
		9003A	Création artistique relevant des arts plastiques
		9003B	Autre création artistique
923B	Services annexes aux spectacles	9002Z	Activités de soutien au spectacle vivant
923D	Gestion de salles de spectacles	9004Z	Gestion de salles de spectacles
		7990Z	Autres services de réservation et activités liées, y compris l'activité de billetterie
923K	Activités diverses du spectacle	9329Z	Autres activités récréatives et de loisirs
		9001Z	Arts du spectacle vivant
		8552Z	Enseignement culturel
		7990Z	Autres services de réservation et activités liées
554C	Discothèques	5630Z	Débits de boissons
		9329Z	Autres activités récréatives et de loisirs

AUDIOVISUEL (EXTRAITS)

Ancien NAF	Activité concernée	Nouveau NAF	Activité concernée
223C	Reproduction d'enregistrements vidéos	1820Z	Reproduction d'enregistrements
921A	Production de films pour la télévision	5911A	Production de films et de programmes pour la télévision
922B	Production de programmes	5911A	Production de films et de programmes pour la télévision
921B	Production de films institutionnels et publicitaires	5911B	Production de films institutionnels et publicitaires
921C	Production de films pour le cinéma	5911C	Production de films pour le cinéma
921D	Prestations techniques pour le cinéma et la télévision	5911C	Production de films pour le cinéma
		5912Z	Post-production de films cinématographiques de vidéos et télévision
		5920Z	Enregistrement sonore et édition musicale
921F	Distribution de films cinématographiques	5913A	Distribution de films cinématographiques
921J	Projection de films cinématographiques	5914Z	Projection de films cinématographiques
922A	Activités de radio	6010Z	Radiodiffusion
		5920Z	Enregistrement sonore et édition musicale
922D	Éditions de chaînes généralistes	6020A	Éditions de chaînes généralistes
922E	Éditions de chaînes thématiques	6020B	Éditions de chaînes thématiques
922F	Distribution de bouquets de programmes de radio et de télévision	6110Z	Distribution de bouquets télécommunications filaires
		6130Z	Distribution de bouquets de programmes télécommunications par satellite

ANNEXES

Principes de comptabilisation des salaires
(exemples)

Salaires et cotisations pour un artiste intermittent du spectacle

Opération	Exemple	Comptes à débiter		Comptes à créditer	
Versement d'un acompte à l'artiste	L'employeur du spectacle verse, par chèque bancaire, à l'artiste un acompte de 200 €.	425 Personnel avances et acomptes :	200,00 €	512 Banque :	200,00 €
Établissement du bulletin de salaire. Comptabilisation du salaire brut	Le bulletin de salaire de l'artiste est le suivant : **Salaire brut : 600,00 €** Cotisations URSSAF : 75,00 € Cotisations Pôle emploi : 23,00 € Retraite complémentaire Audiens : 62,00 €	641 Rémunération du personnel :	600,00 €	421 Personnel, rémunérations dues : 431 Sécurité sociale : 4371 Pôle emploi : 4372 Caisse de retraite complémentaire :	600,00 € 75,00 € 23,00 € 62,00 €
Comptabilisation des retenues sur le salaire de l'artiste	Total des retenues : 246,00 € Salaire net : 354,00 € Acompte : - 200,00 € Salaire à payer : 154,00 €	421 Personnel, rémunérations dues :	446,00 €	425 Personnel avances et acomptes :	200,00 €
Paiement du salaire	Le solde du salaire est payé par virement bancaire.	421 Personnel, rémunérations dues :	154,00 €	512 Banque :	154,00 €
Comptabilisation des charges patronales	L'employeur doit acquitter des cotisations patronales sur le salaire. Urssaf : 92,00 € Pôle emploi : 34,00 € Audiens : 37,00 € Congés Spectacle : 54,00 € Afdas : 12,00 € CMB : 4,00 € Soit au total : 233,00 €	645 Charges de sécurité sociale et de prévoyance :	233,00 €	431 Sécurité sociale : 4371 Pôle emploi : 4372 Caisse de retraite complémentaire : 4373 Congés Spectacles : 4374 Afdas : 4375 CMB :	92,00 € 34,00 € 37,00 € 54,00 € 12,00 € 4,00 €
Paiements aux organismes sociaux des cotisations patronales et salariales	L'employeur déclare et verse par chèques : – à l'**Urssaf** : (75,00+92,00) – au **Pôle emploi** : (23,00 + 34,00) – à **Audiens** : (62,00 + 37,00) – aux **Congés Spectacles** : – à l'**Afdas** : – au **CMB** :	431 Sécurité sociale : 4371 Pôle emploi : 4372 Caisse de retraite complémentaire : 4373 Congés Spectacles : 4374 Afdas : 4375 CMB :	168,00 € 57,00 € 99,00 € 54,00 € 12,00 € 4,00 €	512 Banque : 512 Banque : 512 Banque : 512 Banque : 512 Banque : 512 Banque :	168,00 € 57,00 € 99,00 € 54,00 € 12,00 € 4,00 €

ANNEXES

Salaires et cotisations pour un artiste intermittent du spectacle, avec recours au Guso

Opération	Exemple	Comptes à débiter	Comptes à créditer
Comptabilisation du salaire brut	Le bulletin de salaire de l'artiste est le suivant : **Salaire brut :** **600,00 €** Total des cotisations salariales	641 Rémunération du personnel : 600,00 €	421 Personnel, rémunérations dues : 354,00 €
Comptabilisation des retenues sur le salaire de l'artiste	au Guso : 246,00 € Salaire net : 354,00 € **Salaire à payer :** **354,00 €**		4378 Autres organismes sociaux : 246,00 €
Comptabilisation des charges patronales	L'employeur doit acquitter des cotisations patronales sur le salaire auprès du Guso Soit au total : 332,00 €	6458 Cotisations aux organismes sociaux : 332,00 €	4378 Autres organismes sociaux : 332,00 €
Paiements au Guso des cotisations patronales et salariales	L'employeur déclare et verse par chèque : – au Guso : 578,00 € (charges salariales et charges patronales)	4378 Autres organismes sociaux : 578,00 €	512 Banque : 578,00 €

Paiement de frais professionnels

Opération	Exemple	Comptes à débiter	Comptes à créditer
Comptabilisation des frais professionnels de l'artiste	L'artiste perçoit 78,00 € en remboursement de ses frais SNCF et de taxi ainsi que 120 € en remboursement de ses frais d'hôtel et de restaurant (les justificatifs sont produits).	6251 Voyages et déplacements : 78,00 € 6256 Missions : 120,00 €	421 Personnel, rémunérations dues : 218,00 €
Paiement des frais à l'artiste	L'employeur verse à l'artiste par chèque le remboursement des frais, soit 218,00 €.	421 Personnel rémunérations dues : 218,00 €	512 Banque : 218,00 €

ANNEXES

Consultation préalable du salarié pour l'application de la déduction forfaitaire spécifique pour frais professionnels

(Lire page 30)

Courrier à adresser au salarié

Madame, Monsieur,

Ainsi que nous en avons l'obligation, nous vous demandons par la présente si vous nous autorisez à appliquer la déduction forfaitaire spécifique pour frais professionnels de ...% prévue pour votre profession de ..., dans les conditions prévues par les textes en vigueur.

En effet, votre accord préalable et écrit nous est nécessaire pour (continuer à) mettre en œuvre ladite déduction sur vos rémunérations.

Cette consultation préalable est actuellement effectuée pour l'ensemble des salariés de notre entreprise, dans le cas où leur profession ouvre droit à une déduction forfaitaire spécifique pour frais professionnels.

Sans réponse écrite de votre part avant le ..., nous vous informons que nous n'appliquerons plus cette déduction forfaitaire spécifique pour frais professionnels sur vos rémunérations.

Nous vous précisons que vous disposez de la faculté de réviser votre décision pour l'année à venir, en nous adressant un courrier avant le 31 décembre de l'année en cours.

Nous vous prions d'agréer, Madame, Monsieur, l'expression de nos sentiments distingués.

Signature de l'employeur

L'employeur peut également opter pour la déduction forfaitaire dès lors que cette faculté est explicitement prévue par une convention ou un accord collectif de travail. La consultation des salariés n'intervient qu'à défaut de consultation des représentants du personnel et l'accord du salarié doit être constaté par écrit.

Le salarié ne peut pas contester la position favorable ou défavorable au droit d'option pour l'application de la déduction forfaitaire spécifique prise par une convention collective, un accord collectif ou un accord de comité d'entreprise ou des délégués du personnel.

Lorsque l'option pour la déduction forfaitaire spécifique émane d'un accord collectif, les parties ne peuvent revenir sur la décision qu'elles ont prise que pour l'année à venir et non pour l'année en cours. Ces décisions doivent intervenir avant le 31 décembre de l'année en cours.

En cas de consultation individuelle des salariés, chacun d'eux peut réviser sa décision pour l'année à venir, en adressant un courrier à l'employeur avant le 31 décembre de l'année en cours.

Présentation générale des missions du CNCS

Pôle emploi services cinéma spectacle

Centre de Recouvrement

Employeurs habituels d'intermittents du spectacle (annexes 8 et 10) et occasionnels ne relevant pas du Guso

Déclarent et règlent les contributions Assurance chômage et cotisent au Centre de Recouvrement qui recouvre uniquement pour Pôle emploi.

Ce sont les sites Pôle emploi qui versent les prestations aux salariés intermittents du spectacle privés d'emploi.

Guso

Employeurs qui n'ont pas pour activité principale ou pour objet le spectacle vivant

Déclarent et règlent toutes les cotisations sociales auprès du Guso qui ventile ensuite les sommes recouvrées auprès des six organismes : Audiens, Afdas, CMB, Urssaf, Congés Spectacles, Pôle emploi.

Ce sont les organismes qui sont compétents pour faire valoir les droits sociaux des salariés.

Étude de droits (alimentation du passé professionnel)

Garantit la mise à jour du passé professionnel dans les dossiers des intermittents du spectacle.

Vérifie le champ d'application.

Relance les employeurs défaillants.

Prévention et lutte contre la fraude

Est à l'initiative et assure le suivi des dossiers de fraude en relation avec la Direction de la Prévention des Fraudes et les services d'audit des régions Pôle emploi.

ADRESSES UTILES

Organismes sociaux

Afdas
3, rue au maire
75156 Paris Cedex 03
Tél. 01 44 78 39 39
Délégations régionales à Lyon, Rennes, Bordeaux, Marseille, Lille et Strasbourg.
www.afdas.com

Audiens
74, rue Jean Bleuzen
92177 Vanves Cedex
Tél. 0 811 65 50 50
www.audiens.org

Congés Spectacles
7, rue du Helder
75440 Paris Cedex 09
Tél. 01 44 83 44 40 (employeurs)
Tél. 01 44 83 45 00 (intermittents)
www.conges-spectacles.com

CMB
26, rue Notre-Dame-des-Victoires
75002 Paris
Tél. 01 42 60 06 77
www.cmb-sante.fr

FNAS
185, avenue de Choisy
75013 Paris
Tél. 01 44 24 72 72
www.fnas.info

Guso
TSA 20134
69942 Lyon Cedex 20
Tél. 0 810 863 342 (prix d'un appel local)
www.guso.com.fr

Pôle emploi services / CNCS
27, route de la Foire
BP 109
74604 Seynod Cedex
Tél. 0 826 08 0899

Pôle emploi Spectacle
Pôle emploi spectacle Alhambra
En charge des métiers artistiques pour Paris et de la figuration pour l'Île-de-France
50, rue de Malte
75543 Paris Cedex 11

Pôle emploi spectacle Jean Renoir
En charge des métiers techniques, de la réalisation, de la production et de la mise en scène pour Paris.
84, quai de Loire, 75019 Paris

Le numéro unique pour contacter son Pôle emploi spectacle est le 3949
Pour connaître toutes les adresses du réseau : www.pole-emploi-spectacle.fr

Urssaf
Retrouvez les coordonnées de l'Urssaf dont vous relevez sur le site Inter
www.urssaf.fr

ADRESSES UTILES

Éditeurs de logiciels

DV-Log
1, boulevard de l'Oise
95030 Cergy Pontoise Cedex
Tél. 01 30 75 80 20
www.dvlog.fr

sPAIEctacle
GHS
39, rue du Faubourg Poissonnière
75009 Paris
Tél. 01 53 34 25 25
www.spaiectacle.com

Presse spécialisée

Actualités de la Scénographie
Éditions AS
14, rue Crucy
44000 Nantes
Tél. 02 40 48 64 24
www.as-editions.com

CultureMédias
11, rue des Olivettes
BP 41805
44018 Nantes Cedex 1
Tél. 02 40 20 60 20
www.culturemedias.com

La Lettre de l'entreprise culturelle
12, allée Duguay Trouin, BP 42206
44022 Nantes Cedex 1
Tél. 02 40 48 22 23
www.cagec-publication.fr

La Lettre du Spectacle
11, rue des Olivettes, BP 41805
44018 Nantes Cedex 1
Tél. 02 40 20 60 20
www.lalettreduspectacle.com

La Scène
11, rue des Olivettes
BP 41805
44018 Nantes Cedex 1
Tél. 02 40 20 60 20
www.lascene.com

Le Jurisculture
11, rue des Olivettes
BP 41805
44018 Nantes Cedex 1
Tél. 02 40 20 60 20
www.lejurisculture.com

INDEX

Accords interbranches 24
AEM 49
Afdas 66,77
AGFF 58
AGIRC 52
AGS 37,48
Amateurs 16,77
APEC 58
APT 25
ARRCO 52
Artistes étrangers 16,25,60
Audiens 52,77
Autorisation de séjour 25
Autourisation de travail 25
Bénévoles 15,16,77
Bulletin de paie 20,97
Cachet 8,21,33,48
Cachet groupé 48
Cachet isolé 48
Caisse des dépôts 27
CMB 75,77
CNCS 37,47,89,109
Code NAF 23,37,104
Congés Spectacles 7,62,77
Contribution exceptionnelle temporaire 58
Conventions collectives 11,18,23,28
CRDS 35
CSG 35
Déduction spécifique forfaitaire
pour frais professionnels 30,108
DPAE 14
Enfants 27

Étrangers 16,25,60,64,65
FCAP 76
Fête de la musique 15
FNAS 76,77
Fonctionnaires 47,57
Frais 7,28
Frais de véhicule 29
Garantie minimale de points 57
GMP 57
Guso 8,77
Intermittents du spectacle 7,9
IRPS 52
NAF 23,37,104
Net imposable 20
Numéro d'objet 22,47
OSC 76
Plafonds sécurité sociale 34
Pôle emploi 37
Pôle emploi spectacle 50
Présomption de salariat 15,16,91
Remboursement de frais 7,28
Rémunération 24,93
Repas 29
Retenue à la source 26
Retraités 8,56
Salariat 15,16,91
Taxe d'apprentissage 76
Taxe sur les salaires 76
Techniciens étrangers 25
Travail illégal 87
URSSAF 32,77

les aide-mémoire

— PARMI LES OUVRAGES DÉJÀ PARUS —

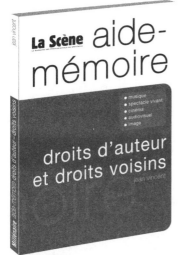

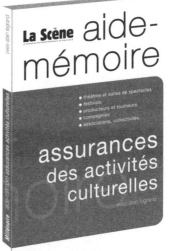

Commandez et découvrez nos nouveautés sur www.lascene.com

Auteur : Nicolas Marc

Remerciements à Sébastien Bourcier, Isabelle Jauffret, Marie-Agnès Joubert et Pascale Vannier, ainsi qu'aux services des organismes sociaux.

Achevé d'imprimé par Corlet (Condé-sur-Noireau)
Dépôt légal : juin 2009
Numéro ISBN : 978-2-917812-09-9
Numéro d'imprimeur : 122319

Imprimé en France
© Millénaire Presse, 2009

 Le code de la propriété intellectuelle autorise «les copies ou reproductions strictement réservées à l'usage privé du copiste et non destinées à une utilisation collective» (article L. 122-5). Il autorise également les courtes citations effectuées dans un but d'exemple et d'illustration.
En revanche, «toute représentation ou reproduction intégrale ou partielle, sans le consentement de l'auteur ou de ses ayants droit ou ayants cause, est illicite» (article L. 122-4).
Cette représentation ou reproduction, par quel que procédé que ce soit, sans l'autorisation de l'éditeur ou du Centre français de l'exploitation du droit de copie (20, rue des Grands-Augustins, 75006 Paris) constituerait donc une contrefaçon.